中日敬意表现体系及使用习惯对照研究

吴天一 ◎ 著

光明日报出版社

图书在版编目（CIP）数据

中日敬意表现体系及使用习惯对照研究 ／ 吴天一著 .

北京：光明日报出版社，2025.2. -- ISBN 978 - 7 - 5194 - 8541 - 2

Ⅰ.H364.3；H136.3

中国国家版本馆 CIP 数据核字第 20250J8Z12 号

中日敬意表现体系及使用习惯对照研究
ZHONGRI JINGYI BIAOXIAN TIXI JI SHIYONG XIGUAN DUIZHAO YANJIU

著　　者：吴天一			
责任编辑：李壬杰		责任校对：李　倩　乔宇佳	
封面设计：中联华文		责任印制：曹　净	

出版发行：光明日报出版社

地　　址：北京市西城区永安路 106 号，100050

电　　话：010-63169890（咨询），010-63131930（邮购）

传　　真：010-63131930

网　　址：http://book.gmw.cn

E - mail：gmrbcbs@ gmw.cn

法律顾问：北京市兰台律师事务所龚柳方律师

印　　刷：三河市华东印刷有限公司

装　　订：三河市华东印刷有限公司

本书如有破损、缺页、装订错误，请与本社联系调换，电话：010-63131930

开　　本：170mm×240mm

字　　数：200 千字　　　　　　　　印　　张：16

版　　次：2025 年 2 月第 1 版　　　印　　次：2025 年 2 月第 1 次印刷

书　　号：ISBN 978 - 7 - 5194 - 8541 - 2

定　　价：95.00 元

序

　　敬意表达，作为人类社会中一种普遍存在的交际现象，不仅体现了人与人的相互尊重与和谐，还是文化传承和语言发展的重要体现。中日两国，一衣带水，文化源远流长，两国语言中的敬意表现体系及使用习惯，既有共通之处，又各具特色。本书《中日敬意表现体系及使用习惯对照研究》，便是对这一课题的深入探讨与挖掘。

　　中日两国的语言，在敬意表达上都有着丰富的内涵和复杂的形式。日语中的敬语体系尤为发达，涵盖了尊敬语、谦逊语、郑重语等多个层面，体现了日本社会对人际关系细致入微的考量。中文虽然没有像日语那样明确的敬语体系，但同样通过词汇选择、句式变换等方式，表达了丰富的敬意内涵。

　　本书从语言学、社会学、文化比较等角度，对中日两国的敬意表现体系进行了深入细致的对照研究。通过对大量语料的分析和比较，本书试图揭示中日敬意表达的异同点，并深入探讨了这些差异背后的文化和社会原因。本书的研究不仅有助于我们更好地理解中日两国的语言文化，还有助于促进两国人民之间的交流与理解。在全球化日益深入的今天，跨文化交际已经成为一种常态。敬意表达，作为跨文化交际中的重要一环，更需要我们深入研究和理解。

我相信，本书的出版，必将为中日文化交流与理解搭建一座新的桥梁，为两国的友好交往注入新的活力。同时，我也期待更多的学者能够关注这一领域，共同推动中日文化交流与理解，使中日两国向更深层次发展。

最后，我要向本书的编辑们表示衷心的感谢。他们的辛勤工作和无私奉献，为这部著作的顺利出版提供了帮助。我相信，这本书将成为中日文化交流与理解领域中抛砖引玉的著作，为后人继续在该领域进行学术研究提供参考。

吴天一

2024 年春天于四川师范大学樱鸣园

目 录
CONTENTS

第一章

绪　论

一、研究背景

（一）中日敬意表现的现状

世界之大，无奇不有，语言种类之繁多更是令人叹为观止。根据德国出版的《语言学及语言交际工具问题手册》显示，世界上已经查明的语言有 5651 种，这其中的每一种语言都反映了其所在文化背景的独特性。人们通过语言来交流思想、分享情感、传递信息。然而，在语言的运用中，我们不是在简单地传达信息，更多的时候，我们是在进行一种深层次的社会互动。在多数情况下，要想与他人顺畅地进行交流，我们必须首先征得对方的同意或认可。这既是一种基本的礼貌，也是对他人的尊重。同时，在交流过程中，我们还需要通过适当的语言表达方式，来显示对对方的尊重和敬意。这种尊重不仅仅体现在对对方的言辞上，还体现在对对方身份、地位、文化背景等方面的理解和认同上。因此，可以断言，在世界上这无数的语言中，无论它们之间的差异有多大，总会存在一些共通的表达方式，用来表达对他人或自己某种程度的尊重。这些表达方式或许因语言的不同而有所差异，但它们所蕴含的尊

1

重和敬意是相同的。它们是人类社会交往中的润滑剂，也是我们构建和谐人际关系的重要工具。

　　日语，其敬意表现形式在日语中称为"敬语"①。由于其形式丰富多样，敬意表现内容与其他语言相比所指范围更广，日本形成了独特的敬意表现体系，成为东亚文化圈中通过语言表达"礼"这一概念的代表性语言体系。这种敬意表现不仅仅是一种语言形式，还是一种深刻的文化体现。在日语中，通过巧妙运用敬意表现，人们能够精准地传达出对对方的尊重与敬意，同时也能够展现出自己在社会中的位置和角色。当人们使用日语向他人传达自己的意图和感情时，他们所做的远不止于简单地表达内容。实际上，他们是在通过语言这一媒介，精心构建和维系着与对方、周围人以及自己之间复杂而微妙的人际关系和社会关系。每一次敬意表现的使用，都是对人际互动的一次细致入微的雕琢，体现了说话者对交流环境、对方身份、社会地位等因素的精准把握。在这个过程中，日语敬意表现所展现的不仅仅是对他人的尊重，还是对社会规则和文化传统的尊重。通过敬意表现，人们能够清晰地界定自己在社会中的位置，同时也能够理解和尊重他人的位置。这种尊重和理解，是构建和谐社会关系的重要基石，也是日语文化独特魅力的重要体现。因此可以说，日语中的敬意表现不仅仅是一种语言现象，还是一种深刻的社会文化现象。它反映了日本人对人际关系的重视、对和谐社会的追求，以及对传统文化的传承与发扬。通过深入了解和学习日语敬意表现，我们可以更好地理解和感受日本文化的精髓，也能够在跨文化交流中更加得心应手。

　　日语敬意表现的一大显著特色在于其系统化、规范化的表达方式。

---

　　① 为保证术语统一，本书后文所出现的日语敬意表现均指代"敬语"。

根据日本文化厅文化审议会发布的《敬语的指针》① 这份报告书，我们可以发现这些敬意表现被细致地划分为"尊敬语""谦让语Ⅰ""谦让语Ⅱ""礼貌语"以及"美化语"五大类别，展现了日语在表达敬意方式上的丰富多样与精准细腻。从全球范围来看，日语这种对敬意表现的系统化运用，无疑是其语言特色中的一大亮点。日语敬意表现的系统化主要体现在两个方面。首先，敬意表现的选择并非随意，而是严格依据对话或文章中涉及人物的相对地位以及具体的语境条件来选择。在不同的场合和对象中，敬意表现都有着明确的规定。其次，敬意表现的含义往往通过固定的语法表达方式得以确定，这些方式既体现了对对方的尊敬，也展现了说话者的谦逊态度。在敬意表现表达系统上，除了固定的表达方式，日语还通过动词不同敬意表现的转化形式来丰富敬意的表达。这意味着大部分动词都能根据不同的场合和对象，转换成适当的敬意表现形式。此外，使用哪种类型的敬意表现，是表达恭敬还是谦虚，都取决于具体的语境和说话者的意图。因此，日语敬意表现不仅是一种语言工具，还要求使用者具备一定的文化素养和尊重他人的心态。

相比之下，中国的敬意表现体系在清代以前显得更加细致和复杂。那时，敬意表现被明确分为"谦辞""敬辞"和"婉辞"三大类别②，每个类别都有其独特的表达方式和运用场合，并形成了一套系统而完整的敬意表现体系。然而，随着社会的剧烈变化和文化的不断演进，这些敬意表现类别之间的界限逐渐变得模糊，许多传统的敬意表现在日常交流中的使用频率也逐渐减少。如今，中文使用者在表达敬意时，往往只

---

① 文部科学省. 敬语的指针［EB/OL］. 日本文化厅网站，2007-02-02.
② 作为敬意表现的分类，我们将汉语敬意表现分为"敬辞""谦辞""婉辞"，然而，还有一类作为具体的标志性符号的词语，学术界一般将其称为"敬词""谦词""婉词"。这两类概念之间是有区别的，不能一概而论。

能采取更加迂回和含蓄的方式。有一些传统的敬意表现表达方式被保留下来，但它们的使用范围减小和频率变小，在一定程度上反映了现代社会人际关系的变化和语言表达方式的简化。值得注意的是，中文的敬意表现与日语敬意表现一样，都对使用者的学术水平和文化素养有相对较高的要求。然而，由于历史原因和学术研究的不足，中文的敬意表现没有经过系统整理和归纳。在中文语言学中，敬意表现并未作为一个连贯的语法项目进行研究，这使我们在教授和学习中文的敬意表现时，往往只能关注目前仍在使用的敬意表现词汇，而无法从敬意表现整体上去把握其深层结构和文化内涵。由于两种语言在敬意表现的文字性表述上存在一定的相似之处，中文敬意表现研究的不足可能会使学习者在理解和学习日语敬意表现时遇到一定的困难。因此，加强对中文敬意表现的系统性研究和整理，不仅对中文的学习有所助益，而且对中国文化进行更深入的理解也具有非常重要的意义。

（二）中文敬意表现学习对日语学习的影响

有研究显示，外语的掌握与母语能力的成长有着紧密的关联。松冈和美在 2007 年的研究中指出："母语技能在读写技巧、认知语言学习等方面对外语习得有着显著的促进作用，尤其是在学业表现方面。"①

在日语学习的过程中，我们常听到中国学习者反映难以掌握日语的敬意表现。造成这种困扰的原因主要有三点：首先，日语敬意表现的句型结构复杂，难以记忆；其次，日语的敬意表现涉及传递与接受这一组复杂的对立关系，增加了理解的难度；最后，中文中缺乏相应的敬意表现体系，使学习者在对比中感到困惑。确实日语敬意表现的结构复杂多变，其使用需要根据说话人与听话人或话题人物之间的不同关系来灵活

---

① 松冈和美 . 语言的发展与年龄：母语与外语的差异 ［J］. 三色旗，2007，710：15.

调整。毕竟，每种语言都有其独特表达敬意的方式，即使在日常交流中不太显见，它们也是构成语言文化的重要组成部分。例如，对许多学习日语的中国人来说，他们如何准确地翻译日语中的"问い合わせください"这一表达，往往成为他们面临的一个难题。这个日语短语的中文表达其实可以使用"垂询"一词来进行替换，与"お問い合わせください"在含义上是一致的，都表示请求对方进行咨询或询问。然而，中文中的"垂询"一词在语义上对中国人来说具有一些特殊的，甚至是负面的含义，这就使他们在理解和运用这一词汇时出现了困惑。具体而言，"垂询"在中文里并不完全等同于日语中的敬意表现用法，它可能含有一种更为庄重甚至有些古板的意味，这与现代日常交流中的轻松氛围并不完全契合。因此，许多中国人在使用"垂询"这个词时，往往误解了它的原意，将其视为一种表达谦卑的词语，而不是一种敬意表现。这种误解导致他们在与日本人交流时，无法准确传达出原本的敬意和礼貌，从而影响了交流的效果。

上述因素导致中国日语学习者在运用日语敬意表现时容易出错。我们继续以"垂询"一词为例，在中文语境中，"前几日承蒙您的垂询，不胜感激。"这句话表达了对对方咨询的敬意和感激之情。然而，在将"垂询"翻译成日语时，译者如果未能准确理解其敬意表现的性质，即未能充分考虑提升对方地位的需要，而将其错误地翻译成了谦辞，那么翻译结果就可能变成"前日にお問い合わせ頂き、まことにありがとうございます"。他们将对方的行为变成了己方的行为，将对方的地位降低，这样的翻译显然未能准确传达原句中的敬意。

译者由于不能准确辨认"垂询"一词在日语和中文中的差异，许多中国人在使用它时感到困惑，甚至出现了误用的情况。这不仅妨碍了他们正确、有效地使用这一词汇，还在一定程度上影响了中日之间的跨文化交流。当然，我们可以说这句话的译者在日语表达中未能清晰区分敬辞和谦辞，从而在语法上出现了错误。但从根本上来说，这种错误的产生是由于中文敬意表现表达中存在的歧义，导致译者在理解和翻译时出现了偏差。因此，对学习日语的中国人来说，深入理解和掌握中日语言中敬意表现和谦辞的差异，是提高语言交流能力、促进中日文化交流的重要一环。中国日语学习者在掌握日语敬意表现时，需要更加深入地理解中日语言文化差异，以避免类似的误用情况发生。

（三）理解中日两国的文化背景

在中日互译的过程中，文化背景差异是导致误用现象产生的一个关键因素。这种差异不仅体现在语言结构上，还在于思维方式和社交习惯的不同。我们以一句对话为例，"老师，我帮您拿包吧"，这句话在中文中表达的是对老师的尊重和关心，当翻译成日语时，却可能因文化背景的不同而产生误解。常见的错误翻译是"先生、おかばん、持って差し上げましょう"。在日语中，使用敬意表现时，人们通常避免让对方感觉到自己从表达中获益，因为这可能被视为一种过分讨好或拍马屁的行为。上述翻译则可能给人留下这样的印象，使原本出于礼貌和尊重的表达变得过于刻意和不自然。

相比之下，中文的尊重往往与人做事紧密相关，为对方提供帮助，如帮忙拿包，是对对方的一种尊重。这种尊重并非通过抬高对方来体现，而是出于一种真诚的关心和帮助。在中文中，这种表达方式不会被视为拍马屁，而是一种正常的社交礼仪。因此，我们需要更加深入地了解两国文化背景的差异，避免因为文化差异而导致误用的现象出现。

目前，中文敬意表现的研究面临着两大问题。首先，学者对中文敬意表现的研究不在少数，但传统的敬意表现归纳并不清晰，对"敬意表现"这一概念的界定众说纷纭，缺乏统一的标准和严谨性，这使人们在研究和应用过程中容易出现混淆和误解。其次，学者对中文敬意表现实际用法的研究较少。中文许多敬意表现相关表达的实际用法并不明确，导致人们在使用时容易出现偏差。这种缺乏实际用法的研究使中文敬意表现的学习和应用变得困难重重。鉴于此，我们更加需要加大对中文敬意表现的研究力度，明确其定义和用法，为中文敬意表现的正确使用提供有力的支持。

二、研究意义

本书主要研究中日敬意表现在理论框架和实际使用情况中的差异问题。近年来，中日对比语言学的研究呈现蓬勃发展的态势，其数量显著增加。然而，在探讨中日敬意表现的差异时，由于之前提及的诸多问题，中文敬意表现往往受一定程度的质疑和否定，这无疑阻碍了学者们对其的深入研究。尽管面临这样的困境，我们仍可以从中找到突破的可能。松本青也的观点为我们提供了新的思考方向，他提出"将母语与目标外语等距离看待，可以极大地加深对母语的理解和认识"[1]。这一理念启示我们，我们或许可以借助比较语言学，通过深入研究日语的敬意表现，并将其与中文进行对比，来破解中文敬意表现研究中遇到的一些难题。事实上，日语敬意表现的研究一直备受关注，其研究热度持续不减。从敬意表现的基本原则和意义，到现代敬意表现的结构和具体用法，再到蒲谷宏等研究者所提出的新颖观点——超越敬意表现的语法性，寻求更贴近实际使用的敬意表现方式，这些都引起了广大研究者的

---

[1] 松本青也. 比较语言学的作用 [J]. 语言文化，1993（1）：35-42.

浓厚兴趣。这些研究不仅深化了我们对日语敬意表现的理解，还为中日敬意表现的对比研究提供了丰富的素材和参考。通过对比中日两种语言的敬意表现，我们可以更加清晰地看到它们之间的异同点。这种对比不仅有助于我们更好地认识和理解两种语言的文化内涵和社会习俗，还可以为我们提供新的视角和方法来解决中文敬意表现研究中尚未明确的问题，该研究具有重大的理论意义和现实意义。该研究可以进一步完善和发展中文的敬意表现体系，这对推动中文的研究，规范中文的使用也具有重大的社会意义。

（一）理论价值

理论指导实践，正确的理论才能产生正确的实践。语言是文化的载体，敬意表现作为语言的重要组成部分，反映了不同文化的社会价值观、人际关系和道德规范。通过比较研究中日敬意表现，有助于我们深入理解中日两国文化的异同，并揭示两国文化在尊重、礼貌和谦逊等方面的不同侧重点，从而增进对两国文化的认识和理解。比较语言学的一个重要目的就在于通过比较不同语言之间的差异和相似之处，揭示语言的普遍性和多样性。中日敬意表现的对比研究有助于推动语言学中的对比研究理论的发展。通过对中日敬意表现的对比，我们可以进一步拓展比较语言学的研究领域，丰富对比研究的理论框架和方法论。比较语言学中常用的比较研究这一研究方法有助于推动语言学理论的发展。中日敬意表现在形式、用法和语境等方面存在显著的差异，这些差异为语言学研究提供了丰富的素材。通过对这些差异进行深入分析，我们可以探索语言结构、功能和交际策略等方面的普遍规律，为语言学理论的完善和创新提供新的思路和视角。这种研究还有助于推动敬意表现体系的理论建构。敬意表现作为语言学的一个特定领域，其研究对完善语言学的理论体系具有重要意义。我们通过对比中日敬意表现的不同之处，可以进一步探索敬意表现的产生、发展和变化规律，为敬意表现体系的理论建构提供新的思路和视角。除此以外，在语言教学和跨文化交际中，我们了解并尊重对方的敬意表现方式至关重要。通过对比研究，本书可以为语言学习者提供更有效的学习策略，帮助他们更好地适应不同的文化环境，提高跨文化交际能力。无论是对现代中文研究还是国内的日语教学研究来说，中日敬意表现的对比研究必将对语言理论的发展产生积极的作用。

（二）实践价值

这种比较有助于提升跨文化交际能力。在全球化的背景下，中日两国之间的交流和合作日益频繁。我们了解并正确运用中日的敬意表现方式，有助于减少误解和冲突，增强双方的有效沟通。对商务人士、教育工作者、旅游从业者等经常与不同文化背景的人打交道的群体来说，这种跨文化交际能力的提升尤为重要。中日敬意表现的对比研究对语言教学也具有重要的实践价值。在语言学习过程中，学习者不仅需要掌握语言的基本结构和用法，还需要了解语言背后的文化内涵和社会习俗。通过对比中日敬意表现，教师可以更加生动地展示两种语言文化的异同，帮助学生更好地理解和运用语言。同时，这也有助于培养学生的跨文化意识和国际视野。敬意表现的对比研究还有助于我们更好地理解社会现象和人际关系。敬意表现不仅仅是语言问题，还是社会现象和人际关系的反映。通过对比中日两国的敬意表现，我们可以更深入地了解两国社会的价值观、道德观和人际关系模式，为我们理解和处理社会问题提供有益的参考。这种研究也有助于推动中日两国的文化交流与融合。通过对比研究，我们可以发现两国文化中的共性和差异，为双方的文化交流提供新的视角和话题。同时，这也有助于增进两国人民之间的友谊，为中日关系的和谐发展打下坚实的基础。这些实践价值不仅有助于我们更好地应对全球化背景下的挑战和机遇，还有助于推动中日两国关系的和谐发展。

（三）社会意义

中日敬意表现的理论和有关问题的研究，对我国优秀文化的传承具有指导意义，对推动文化自信具有促进作用。敬意表现作为文化的重要组成部分，反映了不同社会对尊重、谦逊和礼貌的理解和追求。中日敬意表现的对比研究有助于推动社会和谐与文明进步。敬意表达作为社会交往的润滑剂，有助于缓解矛盾、化解冲突，促进人际关系的和谐。通过研究中日两国的敬意表现，我们可以借鉴对方的优点，弥补自身的不足，共同推动社会和谐与文明进步。这种比较也有助于促进国际交流与合作。在全球化的今天，国际交流与合作日益频繁。了解并尊重不同文化背景下的敬意表达方式，有助于减少文化冲突和误解，增强国际交流的顺畅性和有效性。通过比较研究中日敬意表现，我们可以为其他国家的跨文化交流提供有益的参考和借鉴，推动全球范围内的文化互鉴与合作。敬意表现作为文化的重要载体，承载着一个民族的历史传统和文化精髓。通过对比中日两国的敬意表现，我们可以更好地传承和弘扬中国的优秀传统文化，推动文化的创新与发展。

三、中文敬意表现的社会文化基础和本书主要内容

中文敬意表现作为一种语言现象，不仅是个体在特定场合下用以自我表达的工具，还在人际交往中发挥着举足轻重的作用，特别是在减少敬意表现误用方面。它不是一种表面的语言形式，而是深层次的社会文化心理和交际策略的反映。在交际过程中，人们通过使用恰当的敬意表现，不仅能够向对方表达自己的尊重和敬意，还能有效地避免因为语言使用不当而引发的误解和冲突。中文敬意表现正是在这一层面上发挥着不可或缺的作用。通过细致入微的敬意表现运用，人们能够精准地把握交际的尺度，确保信息的准确传达和情感的恰当表达。中文敬意表现之所以能够在减少敬意表现误用方面发挥重要作用，是因为它背后蕴含着丰富的社会文化心理。

中文敬意表现的发展与流变是一个复杂而漫长的过程，它深深植根于中国的历史文化土壤之中，随着中国社会的变迁和语言的演变而不断发展变化。进入近代以来，随着社会的变革和语言的简化，中文敬意表现也发生了一定的变化。一方面，传统的敬意表现逐渐失去了其原有的社会功能，不再被普遍使用；另一方面，新的敬意表现形式不断涌现，来适应现代社会的需要。这些新的敬意表现形式往往更加简洁、明了，更符合现代人的语言习惯。在当代社会，中文敬意表现的发展呈现出更加多元化的趋势。随着全球化进程的加速和跨文化交流的增多，中文敬意表现也逐渐与国际接轨，吸收和借鉴了其他语言的敬意表现表达方式。同时，随着社会的开放性和包容性增强，人们对敬意的理解和表达也更加多样化和个性化。

中日敬意表现在定义、构造、含义、语法和使用等方面均呈现出显著的差异，这些差异不仅体现了两种语言在表达敬意时的不同特点，还反映了中日两国文化的深层差异。因此，我们对中日敬意表现进行对比分析，有助于我们更深入地理解其内涵和实质，进而促进中日两国的文化交流与理解。此外，中日两国在使用敬意表现时的语境和对象也有所不同。

如何将现代中文敬意表现系统化是本书的重要内容。目前，学界对敬意表现的系统化还存在争议，通过深入语言的内部结构，对敬意表现的语法结构、词汇选择、句式构造等进行细致的分析和归纳，同时关注敬意表现在语境中的变化和运用，以及它如何与其他语言现象相互作用，共同构成完整的语言系统。传统语言学的局限性，对中文这种以词为体、意随景动的语言来说，难以考察现代中文中哪些表达属于敬意表现，哪些表达属于日常表现。因此，对大多数中文使用者和教学者来说，他们通过意义来确定敬意表现是最行之有效的方式，而意义的确定还需要通过具体的标记性词汇进行区分。

四、研究思路和基本框架

本书的研究思路：日语的敬意表现目前在实际生活中是系统化程度最高、相关理论研究最为丰富、语料相对丰富的一种语言现象，中日敬意表现比较研究是比较语言学中的重要组成部分，在全球化的新时代背景下，为适应社会变化和教学目的的需求，实现文化互鉴、优秀文化传承，积极推动文化的创新和发展。在进行中日敬意表现的比较研究时，在分析相关理论的基础上，通过整理并归纳日语敬意表现的定义、构造、含义，对基础概念进行重新解释，再结合中文使用者的使用习惯，分析中文敬意表现的体系、定义、构造，从而推导出中文敬意表现的整体形象。

本书的基本框架和内容结构如下。

第一章为绪论，说明研究背景、研究意义和主要内容。本章从语言发展和文化发展的角度，提出了中日敬意表现比较研究的时代背景和重要意义，指出了中日敬意表现比较研究对完善中文敬意表现、发展中文理论的现实意义。

第二章为研究综述，对学术界关于敬意表现等有关问题的研究进行分析与回顾，为学术界开展的敬意表现研究做出了许多贡献，对分析敬意表现具有积极的意义。中日敬意表现到底有何区别，甚至中文的敬意表现到底是应该呈现怎样的样貌，学术界还没有进行系统深入的研究，具体敬意表现的问题还有很多，本书主要从敬意表现的定义、构造、含义、实际使用的角度对敬意表现进行研究，进而提出本书的主要研究方向。

第三章为中文敬意表现的发展与流变。在回顾了第二章中前人的研究后，我们确实可以确认中文敬意表现的存在。然而，由于缺乏明确的定义、分类方法和标准，中文敬意表现至今未能形成一个系统的体系。这也导致了学校难以系统地教授中文敬意表现，更难以向大众普及敬意表现知识，使敬意表现显得晦涩难懂。因此，人们对中文敬意表现的理解常常存在误区，无法正确运用敬意表现。为了更深入地研究现代中文敬意表现的特点，本章将对中文敬意表现的发展脉络进行梳理，为后续的研究打下坚实的基础。

第四章为中文敬意表现的特点。本章将采用与日语敬意表现研究相类似的研究方法，深入探索中文敬意表现的特点。我们首先从敬意表现所反映的人际关系这一角度出发，通过对实际语料的分析，揭示了中文中敬意表现的使用如何体现和维系复杂而微妙的人际关系。在语用学层面，我们关注敬意表现的语言运用和交际功能，探讨了敬意表现在不同语境中的使用策略及其背后的社会文化背景。在语义学层面，我们则分析了敬意表现的词汇意义、句法功能和语义结构，揭示了中文敬意表现表达中所蕴含的深刻文化内涵。通过这一系列的研究，我们发现中文敬意表现具有鲜明的指示性和有标记性特点。敬意表现的使用不仅能够指示出交际双方的社会地位和亲疏关系，还能够通过特定的语言形式标记出对对方的尊重和礼貌。同时，我们还对中文敬意表现的聚合关系和横组合关系进行了详细的整理和归纳。在聚合关系中，我们分析了不同敬意表现词汇之间的相似性和差异性，揭示了它们在表达敬意时的不同侧重点和适用场景。在横组合关系中，我们则探讨了敬意表现在句子中的组合方式和语序规律，进一步揭示了中文敬意表现表达的复杂性和多样性。

　　第五章为中文敬意表现的使用意识及使用情况的调查。本章的目标是深入探究中文使用者对敬意表现的实际认知与使用状况，进而为中文敬意表现的分类工作，以及未来敬意表现描述系统和规范的构建提供有力支持。在中文研究领域，众多语言学家对古中文怀有浓厚兴趣，并致力于探索其中的敬意表现。当前的研究重心已转向古中文敬意表现的整理工作，且有部分学者开始研究敬意表现的表达原则，但目前学术界对如何确立一个适应新时代社会环境和语言使用实际的敬意表现描述系统还存在争议。为此，本章通过精心设计的调查问卷，从被试者的回答中对中文使用者在实际交际中敬意表现的使用情况进行了初步了解，并据此进行深入的分析，为敬意表现研究贡献新的视角和思路。

　　第六章为日语敬意表现的概念。如前所述，中文中确实存在一套"敬意表现"体系，然而不同类别的敬意表现之间界限模糊，缺乏明确的划分标准。同时，传统的"中文敬意表现"概念也未能清晰地区分其与中文敬意表现之间的差异。本章将对日语敬意表现的概念进行介绍，并通过对比的方式对今后中文敬意表现概念的发展进行分析。

　　第七章为日语敬意表现的本质及流变过程。本章将对以往关于日语敬意表现演变的众多研究进行系统梳理，简要总结敬意表现的本质以及导致敬意表现变化的各种因素。在此基础上，本章将进一步探讨研究中文敬意表现变化的内外部因素的方法。

第八章为中文敬意表现的整体形象。本章将对中文的传统分类进行简要回顾，并对中文敬意表现所依托的基本要素进行总结归纳。在此基础上，我们将深入探究中文敬意表现的语法结构，力求通过细致的分析，对中文敬意表现的整体面貌进行准确而合理的描绘。相较于日语敬意表现通过明确概念界限来增进理解，中文敬意表现则呈现出独特的双重属性。它不仅是自我表达的一种方式，还在交际中发挥着减少敬意表现误用的重要作用。这种功能使中文使用者在使用敬意表现时，更倾向采取一种审慎而谨慎的态度，以避免因敬意表现使用不当而造成不必要的误解或冲突。因此，在探讨中文敬意表现时，我们不仅要关注其语法结构和表达方式，还要深入理解其背后的社会文化心理和交际策略。

第九章为总结。在回顾全书的基础上，概括了中文敬意表现和日语敬意表现在定义、构造、含义、语法和使用上的差异，梳理了现代中文敬意表现的实际使用情况，描述了现代中文敬意表现的整体样貌特征，提出了较为完整的中文敬意表现体系以及需要进一步研究的课题。

五、研究方法和主要创新

本书主要采用对比分析法、文献综合法、调查分析法和逻辑分析法进行研究。通过对比分析法，我们分析敬意表现的基本概念和研究敬意表现中必须涉及的相关概念。本书运用文献综合法对有关文献进行了回顾和梳理，分析敬意表现在比较语言学和应用语言学的研究进展，提出需要研究的问题。本书运用调查分析法对中文母语使用者使用敬意表现的实际情况进行调查研究，分析存在的问题和对策，运用逻辑分析法完成对现代中文敬意表现的样态描述和体系化。

　　本书可能的主要创新之处在于：第一，这种方法打破了传统语言学研究的局限，将研究的视角从单一语言扩展到两种语言之间的对比。传统的语言学研究往往局限于单一语言的内部结构和规则，而比较语言学则通过对比不同语言之间的差异和相似之处，揭示语言的普遍性和多样性。因此，通过对比中日敬意表现，我们可以更深入地理解两种语言文化的共性和差异，为语言学研究提供新的视角和思路。第二，对比研究有助于揭示中日敬意表现的深层文化内涵。敬意表现不仅仅是一种语言现象，还是文化和社会习俗的反映。通过对比中日两国的敬意表达方式，我们可以探索两种文化对尊重、谦逊和礼貌的不同理解和追求，进一步揭示其背后的价值观、社会规范和人际关系模式。这种深入的文化探索有助于我们更全面地理解中日两国的文化特色，推动文化交流与互鉴。第三，对比研究还可以为中日敬意表现体系的完善和发展提供有益的参考。通过对比中日敬意表现的使用规则、表达方式和社交功能等方面的差异，我们可以发现各自的优势和不足，进而提出改进和完善的建议。这种跨语言比较不仅有助于推动敬意表现体系的创新和发展，还可以为语言教学和文化传播提供实用的指导。

第二章

研究进展与文献综述

　　日语的敬意表现研究，主要聚焦于语法意义与符号层面的探讨上。相较之下，中文敬意表现研究展现出更加多元的面向，大致可划分为两大类别。其一，训诂学领域的学者致力于挖掘敬意表现语法符号背后的深层含义；其二，则是以礼貌理论为基石，深入剖析敬意表现使用的策略与原则。本章旨在全面概述中文与日语中敬意表现理论的核心内容，阐明敬意表现系统所涉及的基础理论与定义，并进一步梳理问卷调查中所涉及的既有研究成果。

一、敬意表现相关理论的比较

（一）敬意表现

　　敬意表现的定义，是研究敬意表现中最为关键的问题，也是学者们争论最多的问题之一。随着研究的逐步深入和推进，日语敬意表现体系逐渐展现出了其丰富而复杂的面貌，清晰的轮廓日益凸显。在这个过程中，相关的定义逐渐明确，分类也逐步细化，使整个敬意表现体系的结构更加严谨和完善。研究者们通过对大量语料的分析和对比，不仅揭示了敬意表现在不同场合和语境中的使用规则和变化规律，还进一步探讨了其背后的社会文化背景和语用功能。这些研究成果不仅有助于我们更深入地了解日语敬意表现体系的本质和特点，还为实际应用提供了更加准确的指导和参考。

山田孝雄在其著作《敬语法研究》① 中深入探讨了敬意的表达方式，并明确指出敬意表现并非杂乱无章，而是遵循着一定的规律和体系，构成了一个完整的语法项目。他进一步将敬意表现细分为"谨称"和"敬称"两种类型，每一种都承载着特定的社会文化背景和人际交往规约。这种分类不仅有助于我们更准确地理解敬意表现在日语中的运用，还为日语敬意表现的教学与研究提供了有力的理论支持。值得一提的是，山田孝雄的这种分类方法与中文中对敬意表现的研究有着诸多相似之处。中文中同样存在着类似的敬意表现表达方式和分类，这反映了不同语言在表达敬意时的共性和普遍性。

在中国古典语言学中，敬意表现被细致地分为"谦辞"和"敬辞"两大类别。这两者在语言表达中分别体现了说话者对自身和他人尊重和谦逊的态度。与此同时，它们与"委婉语"这一特殊语言现象相互交织，共同构成了中国古代独具特色的敬意表现系统，我们称其为"礼语"。礼语不只是一种语言现象，更是中国古代社会文化和人际交往规范的体现。在中文的语境中，表达敬意表现含义的词类主要分为敬语副词和敬语名词两大类。敬语副词通常用来修饰动词，来表达对他人的尊敬或礼貌；敬语名词则直接指代带有尊敬意味的名词。在使用时，敬语副词和敬语名词的属性和功能必须互相匹配，保持一致，来确保整个句子的敬意表现表达得当，符合社会交际的规范和习惯。这种对敬意表现细致入微的划分和使用规则，不仅体现了中文的丰富性和精确性，还反

---

① 山田孝雄. 敬语法研究［M］. 日本：宝文馆出版，1981.

映了中国古代社会对人际交往和礼仪规范的重视。例如：

    1. 臣从其计，大王（名）亦幸（副）赦臣。（《史记：廉颇蔺相如列传》）

    2. 何至更辱（副）馈遗、则不才（名）益将何以报焉。（宗臣《报刘一丈书》）

在例句 1 中，文中所涉及的听话人是被称为"大王"的上位者，这决定了在语言表达上必须体现出足够的敬意。因此，在选择副词时，文中使用了含有敬意表现成分的字"幸"。这个字不仅恰当地表达了说话者对上位者的尊敬，还符合当时社会交际的礼仪规范。若在此处替换为其他词汇，如"辱"，这显得极为不恰当，因为它并不符合对上位者表达敬意的语境。在例句 2 中，情况则有所不同。这里使用了带有谦辞成分的副词"辱"，它用于描述动作"送"。这种用词的选择反映了说话者对自己身份的谦逊定位，以及对听话人的尊重。因此，说话人在名词后面也必须使用相应的谦辞"不才"，来维持整个句子的谦逊和敬意。在这两个句子中，"幸"和"辱"是不能够相互交换的。我们也可以发现，到此时为止，中日敬意表现的研究路线是近乎一致的。

时枝诚记在他的《国语学原理：语言过程论的建立与发展》① 中进一步发展了日语敬意表现的研究路线，提出了语言过程论。根据这一理论，敬意表现反映了把握表达主体的方法，那么就可以通过词辞分类的方法来对其进行系统化。通过词与辞的归类，时枝将日语中的敬意表现分为"动词性敬意表现"和"陈述性敬意表现"两种类型。这种分类方式不仅让我们能够从词语本身深入剖析其敬意内涵，还能从整个表达

---

① 时枝诚记. 国语学原理：语言过程论的建立与发展［M］. 日本：岩波书店，1941.

层面全面把握其性质特点。换言之，日语的敬意表现形式丰富多样，既可以是单个词汇的巧妙运用，也可以是整个句子结构的精妙安排。这种从词到句的广泛涵盖，使日语的敬意表现更加细腻、生动。然而，与日语相比，中文在敬意表现的使用上呈现出截然不同的趋势。随着社会的不断变迁，中文中的敬意表现逐渐减少，这使我们难以像日语那样对其进行明确的"辞类敬意表现"归类。因此，在对中文和日语的敬意表现研究中，两者逐渐产生了明显的分歧。

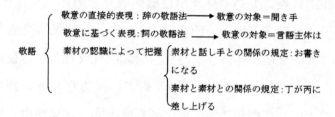

图 2-1 时枝诚记的辞与词的敬意表现分类法

蒲谷宏在《敬语表现》[①] 中提出了"敬意表现"这一概念，定义了敬意表现在实际使用中是一种什么样的语言表达。敬意表现即拥有某种"表达意图"的"表达主体"认识到"己方""对方"和"话题人物"之间的"人际关系"以及"所处环境"的情况，在考虑"表达形式"（"口头表达形式"或"书面表达形式"）的基础上，为了实现自身的"表达意图"，选择适当的"题材"和"内容"，使用适当的"敬语"来组织"语句"（口头语言或书面语言），利用这种改变了形式的特殊语句作为媒介，传达自己真实意图的一系列"表达行为"。

大众普遍认为，敬意表现作为礼貌用语的一种，更多的是对语言的一种润色和修饰，而非与整个语言系统存在直接而显著的联系。然而，

---

① 蒲谷宏，川口义一，坂本惠. 敬语表现 [M]. 日本：大修馆书店，1998：39.

随着对敬意表现的研究不断深入，学者们根据现有的语料提出了不同风格的研究路线，敬意表现的研究也经历了漫长而曲折的过程。在这个过程中，学者们从不同角度、不同层面对敬意表现进行了深入的探讨和研究，提出了各种定义和观点。这些定义或侧重于敬意表现的形式特点，或强调其社会文化背景，或关注其在交际中的实际运用。它们不仅反映了中文敬意表现的多样性和复杂性，还体现了研究者对敬意表现本质的不断探索和理解。同时，这些定义也在不断地相互补充和完善，共同构成了中文敬意表现研究的丰富体系。

洪成玉在《谦词敬词婉词词典（增补版）》① 一书中提出"谦词、敬词和婉词属礼貌语言，即在礼貌方面规范人的语言行为……迄今为止，还没有见过系统的整理和研究"。不过，洪成玉通过对敬意表现词汇的梳理初步明确了中文敬意表现的系统性特征。他指出，"谦词"是用谦虚的语言描述自己或与自己相关的人、事、物，"敬词"是用尊敬的语言描述他人或与他人相关的人、事、物，"谦词"和"敬词"是中文敬意表现的一种表达形式。除了"谦词"和"敬词"，敬意表现还有用于间接性委婉表达自己意图的"婉词"。

曾小燕在《浅析汉语敬语的界定》② 中对中文敬意表现的定义重新进行了讨论。迄今为止，中文中的敬意表现一直被定义为"礼貌用语"，但曾小燕认为中文的敬意表现只是"礼貌用语"其中的一部分，除了敬意表现，中文的礼貌用语中还包括矜持语、问候语、感谢语等表达方式。目前为止，中文中被视为敬意表现的"礼貌用语"实际上是一种积极的表达形式。在此基础上，曾小燕提出广义的敬意表现是基本

---

① 洪成玉. 谦词敬词婉词词典 [M]. 增补版. 北京：商务印书馆，2010：3.
② 曾小燕. 浅析汉语敬语的界定 [J]. 现代语文（语言研究版），2013（5）：118.

含义和派生含义中都具有表达敬意功能的语言表现，包括敬辞、谦辞和"礼貌用语"三部分。与之相对，狭义的敬意表现是拥有尊敬和谦虚的核心含义与派生含义的语言表达，只有敬辞和谦辞两类。三部分的相互关系如图 2-2 所示。曾小燕对敬意表现的定义结合了日语敬意表现的部分特征，特别是中文敬意表现中敬辞与谦辞相关的部分，与日语敬意表现有明显的共同点。

图 2-2　中文敬语的相互关系

（二）敬意表现性质的对比

日语的敬意表现经历了三分类、四分类，直到现在明确了敬意表现的五种类别，即"尊敬语""谦让语 I""谦让语 II""礼貌语"和"美化语"。近年来，随着生成语法研究和礼貌理论的引入，关于敬意表现性质的理论开始迈出新的一步，日语研究者也开始重新审视敬意表现性质的变化。2007 年，日本文部科学省的文化审议会，发表了一份题为《敬语的指针》的报告，通过这种形式确定了日语敬意表现的定义：所谓敬意表现，是指在交流中基于相互尊重的精神，考虑对方和当时的情况而使用的特殊语言表达方式。这些表达方式能够充分表现说话人对听话人人格和立场的尊重，并从各种敬意表现方式中选择适当的表达方式展现自我的一种语言现象。报告还指出，作为一种语言表达方式，敬意表现在话语现场还具有表达说话人情绪的重要作用。从这里来看，在思考敬意表现时，口头语言和书面语言应该是使用敬意表现的最小单位。

这里就不得不提到几个关于敬意表现的重要概念。首先，敬意表现的媒介是"口头语言"和"书面语言"。换句话说，在提及系统化的语法项目"敬意表现"时，学者必须以口头语言和书面语言为研究对象。其次，在实际使用敬意表现时，首要目标还是实现说话人的表达意图。说话人如果没有明确的表达意图，我们在这个话语场景下就没有使用敬意表现的必要。关于表达意图，可以通过表达的性质、内容和目的来判断说话人的表达意图。除此以外，敬意表现还有一个特点和难点，那就是如何兼顾"人际关系"和"话语现场"同时传达表达意图。

泷浦真人在《日语的敬语论——从礼貌理论的角度重新考虑》① 一书中提到，对说话现场来说，不仅要看这个人使用敬意表现表达了什么，还要考虑他不使用敬意表现表达了什么。敬意表现这种语言形式可以认为是一个将表达主体之间的相互关系用"距离"的方式直观展现出来的语法系统。敬意表现虽然表现了尊重，但敬意表现系统最直观表达的是人与人之间的"距离"。这个"距离"所展示的第一要义便是说话人与话语现场中涉及的各方之间的关系是"外部关系"还是"内部关系"这一组对立关系。通过这种方式，我们才能将日语敬意表现理论与礼貌理论联系起来，并从礼貌的功能角度对不同语言之间类似的语言表达形式进行比较和对比。

与日语的敬意表现不同，顾曰国在《礼貌、语用与文化》② 一义

---

① 泷浦真人. 日语的敬语论——从礼貌理论的角度重新考虑 [M]. 日本：大修馆书店，2005：258.
② 顾曰国. 礼貌、语用与文化 [J]. 外语教学与研究，1992 (4)：10-17，80.

中，对中文的敬意表现进行了深入剖析，并总结出了五条核心原则，这些原则共同构成了中文中敬意表现的基本框架。第一，"贬己尊人准则"。这一原则强调在交际中，中文使用者倾向贬低自己来抬高对方，展现对对方的尊重与敬意。这种表达方式体现了中国传统文化中的谦逊与恭敬精神，是中文中敬意表现的重要体现。第二，"称呼准则"。在中文中，称呼的选择与使用往往能够反映出对对方的敬意程度。合适的称呼不仅能够拉近彼此的距离，还能够体现出对对方的尊重与认可。因此，在中国人的交际中，人们会根据对方的身份、地位以及与自己关系的远近，选择合适的称呼来表达敬意。第三，"文雅准则"。这一原则要求中文使用者在表达敬意时，应当使用文雅、得体的语言，避免使用粗俗、不雅的词汇。文雅的表达方式，不仅能够展现自己的教养与素质，还能够给对方留下良好的印象，增进彼此之间的友谊与信任。第四，"求同准则"。这一原则也是中文敬意表达中的重要原则之一。这一原则强调在交际中，中文使用者应当尽量寻求与对方的共同点，来增进彼此之间的理解与认同。通过求同存异的方式，人们能够更好地建立相互尊重、相互信任的关系，从而实现有效的沟通与交流。最后，"德、言、行准则"。这一原则是对中文敬意表现的全面概括。这一原则要求中文使用者在表达敬意时，不仅要在言语上表现出尊重与恭敬，还要在行为上体现出自己的品德与修养。只有言行一致、内外兼修，才能真正体现出中文的敬意表现精神。中文的敬意表现是基于这五条核心原则而来的。这些原则不仅反映了中国传统文化中的价值观念与道德准则，还体现了中文交际中独特的魅力与智慧。

　　彭国跃在《近代中国语敬辞文脉条件的考察》① 一文中提出，中文敬意表现体系的建立必须满足一定的语境条件。他深入剖析了语境条件的两大主要类别：非语言语境和语言语境。其中，非语言语境进一步细化为文化语境条件、人际关系语境条件和场景语境条件，这些条件共同构成了非语言交流的重要背景。语言语境条件则包括文体语境条件和句中词素共现关系语境条件，它们对语言的使用和理解起到了至关重要的作用。通过对这些语境条件的细致划分，人们明确了语境在交际中的复杂性和多样性。彭国跃进一步提出，在运用敬意表现时，首先要考虑文化语境的影响，通过会话双方共同认可的价值观念，为敬意表现的运用奠定坚实的文化基础。同时，人文语境也发挥着关键作用，其中等级关系、亲密关系以及内本关系等因素能够激发敬意表现的使用。在确定了敬意表现的使用条件后，说话者还需要根据具体的情景，灵活选择口语或书面语的语言风格。最后，说话者根据敬意表现在特定语境中的共现规律，确定最为恰当的语言表达方式。这篇论文不仅深入剖析了中文敬意表现建立所需要的文化和语言要素，还明晰了敬意表现在中文中的作用及其实现过程。这种以语境为基础、系统阐释敬意表现要素的研究方法，对现代中文敬意表现的进一步探索具有不可忽视的重要作用。

　　彭国跃在《敬语的类型论对照研究——以日语、英语、汉语为基本模型》② 一文中深入探讨了中文的敬意表现体系。他提出，这一体系主要由正价值词汇和负价值词汇构成，而这些词汇背后的隐喻表达则是其精髓所在。他进一步从三个维度概括了中文传统敬意表现的特点：首

① 彭国跃. 近代中国语敬辞文脉条件的考察 [J]. 富山大学人文学部纪要, 1996 (23)：155-169.

② 彭国跃. 敬语的类型论对照研究——以日语、英语、汉语为基本模型 [J]. 富山大学人文学部纪要, 1997 (26)：369-382.

先，价值结构的语言体现，即如何通过词汇的选择和组合来体现敬意；其次，概念意义的依赖，即敬意表现表达中蕴含的文化内涵和观念；最后，隐喻表达技巧，即如何巧妙地运用隐喻来传达敬意。此外，彭国跃还观察到，在中国革命取得胜利后，由于社会价值观和国家政策的转变，传统的敬意表现体系在词汇使用、适用场景以及表达风格上都呈现出一定的缩减趋势。从根本上说，中文仍然是一种充满隐喻色彩的敬意表现，这与日语中注重辞性的敬意表现和英语中侧重策略性的敬意表现有着显著的区别。这种差异不仅体现在语言结构上，还反映了不同文化背景下的社会心理和交往习惯。

　　1997 年，彭国跃还发表了一篇题为《近代中国语敬辞体系的记述》① 的论文。文章基于明代白话本小说，将近代中文敬意表现体系总结出以下两个特点：（1）中国的敬意表现深深根植于阴阳价值结构之中。这一体系巧妙地将与自我关联的"阴"和与他人关联的"阳"两大概念融为一体，构建了一个独具匠心的二分法结构。通过这种结构，中国的敬意表现得以系统而全面地展现出来，体现了中华文化的深厚底蕴和独特魅力。（2）基于上述条件，中文的敬意表现显然展现出与日语和英语截然不同的类型学特征。日语主要依赖辞藻性敬意表现来表达敬意，英语则倾向采用策略性敬意表现，而中文则独具一格，通过隐喻性敬意表现来体现其敬意。这种差异不仅体现在语言形式上，还反映了不同文化背景下的交际习惯和思维方式。我们将中文敬意表现视作隐喻性敬意表现后，中文敬意表现的系统概貌可概括为四大类别：性别概念、事物概念、人际关系概念以及心理作用概念。每个类别之下，又能进一步提炼出诸多隐喻性表达方式。只有经过上述两个层面的深入探

---

① 彭国跃. 近代中国语敬辞体系的记述 [J]. 中国语研究，1997（39）：1-20.

讨，我们才能对中文敬意表现的整体面貌有一个更为全面和深入的研究。彭国跃的这一研究尤为珍贵，他深入剖析了中文敬意表现的内在动因，这与传统的语言学敬意表现分类方法形成了鲜明的对比。

在敬意表现理论中，无论哪种语言，最核心的要素都是表达内容如何准确反映表达主体之间互惠互利的人际关系。下一节，我们将对以往关于人际关系的研究成果进行梳理和总结。

二、敬意表现反映出的人际关系

日语的敬意表现深刻反映了三类主要的人际关系：说话人、听话人以及对话中涉及的其他人。在《敬语的指针》中，它明确指出了在语言交流过程中，我们会对对话中提及的人、听话人和说话人本身产生各种复杂的情感和态度。这些情感和态度正是我们使用敬意表现的基础，它们决定了我们如何对敬意表现进行选择和运用。此外，日本的一些学者还认为，敬意表现的一个重要功能是将"对方"或"对话中提及的人"置于语言交流的核心位置，并通过特定的敬意表现表达方式来凸显他们的地位和重要性。这种将对方置于重要位置的做法，不仅体现了对对方的尊重，还促进了有效的沟通和交流。

蒲谷宏在其著作《敬意表现交流》① 一书中对沟通中的三个主体——"自我""对方"和"被讨论者"的地位高低与关系亲疏进行了细致的划分。经过分级，他们之间具体的关系如下。

"对方（被讨论者）等级：-1"——关系亲密的朋友等可以不使用"です/ます"的关系。

---

① 蒲谷宏. 敬意表现交流 [M]. 日本：朝仓书店，2010：2.

"对方（被讨论者）等级：0"——初次见面的人等使用"です/ます"的关系。

"对方（被讨论者）等级：+1"——老师或上司等不仅需要使用"です/ます"，还需要使用特定敬意表现（いらっしゃる或申し上げる等）。

日语敬意表现主要是在"等级+1"这种人际关系中才能够建立起来。这种观点打破了过去敬意表现研究中上下亲疏的视角，提出应当从具体的场景和谈话双方各自的立场和作用出发决定如何选择敬意表现。

与日语相比，中文中关于表达主体之间相互关系的研究相对较少。迄今为止，大多数研究主要聚焦于"如何向他人表达敬意"以及"如何展现自己的谦虚态度"这两个方面，而对表达主体之间复杂且多样的相互关系则鲜有深入探讨。

陈松岑在《礼貌语言》① 一书中指出，言语交际中的人际关系随着社会进步日趋多样化。除了亲情、友情，人际关系中还有上司与下属、教师与学生、同事等多种关系，这些关系皆因社会地位的不同而有所差异。语言交流，作为维系或改变这些关系的关键工具，其重要性不言而喻。影响敬意表现选择的首要因素是个人所属群体的语言习惯。此外，具体的交流环境同样不可忽视。再者，交流双方的关系也起着至关重要的作用。从交际双方的关系来看，权力关系和团结关系是两种主要的关系。在权力关系中，地位较低的人往往选择更为正式的表达方式，以示尊敬；在团结关系中，尽管地位较高，人们也倾向使用较为正式的表达，来维护关系的和谐。值得注意的是，在团结关系中，由于双方地位平等，非正式表达更为常见，且双方会根据彼此的关系调整敬意表现，

---

① 陈松岑. 礼貌语言［M］. 北京：商务印书馆，1989：16-20.

来达到最佳的交际效果。

三、关于敬意表现的语法表达

从日语中敬意的定义和人际关系角度出发，日本学者深入探究了敬意表现的多种表达方式，并构建了一套详尽的语法表达体系。人们可以依据不同的敬意类型选择相应的语法表达方法。在《敬语的指针》中，敬意表现被细致地划分为五类。值得注意的是，除礼貌语和美化语外，尊敬语、谦让语Ⅰ以及谦让语Ⅱ均具备一般形式和特定形式这两种表达形式。各类敬意表现的具体结构如表2-1所示，通过这张表格，我们可以更加清晰地理解并应用这些敬意表达方式。

表2-1 日语敬意表现的语法

3分法	5分法		构成形式
尊敬语	尊敬语	一般形式	1. 动词：①お/ご~になる/くださる/なさる②~れる/られる③~てくださる 2. 名词：①お/ご~②貴/御/玉~
		特定形式	いらっしゃる、おっしゃる等
谦让语	谦让语Ⅰ	一般形式	1. 动词：①お/ご~する/いただく/申し上げる②~ていただく③拝~する 2. 名词：お/ご~、拝~
		特定形式	伺う、申し上げる等
	谦让语Ⅱ	一般形式	~いたす①
		特定形式	参る、申す、いたす、おる、存じる、拙~
丁宁语	丁宁语	一般形式	~です/ます
	美化语	特定形式	お/御~

① 仅可适用于サ变动词。

　　根据上表所展示的信息，我们可以发现，在日语中，绝大多数动词、名词和形容词都能构成一般形式的敬意表达。那些具有特定形式的敬意表现，则主要依赖特定的语法结构和表达方式来呈现。值得注意的是，一些带有贬义色彩或已形成固定表达习惯的动词，在日语中并不具备敬意表现。这进一步证明了日语敬意表现的系统性和严谨性，其表达形式丰富多样，但同时又有着明确的规范和界限。

　　在中文中，敬意表现的分类相对较简单，主要划分为敬辞和谦辞两大类。然而，当我们试图深入探索其具体的构词方法时，发现难以提出一个明确且系统的框架。洪成玉在研究古代中国语敬意表现时，将其细致地分为了谦词、敬词和婉词三种类型。他在《谦词敬词婉词词典（增补版）》中进一步指出，这些敬意表现往往由前缀和后缀共同组成，形成了一种特定的语言结构。但值得注意的是，这种构词方式往往要求使用固定的词汇，这就增大了学习和记忆的难度。因此，与现代日语中敬意表现的灵活性和多样性相比，中文的敬意表现数量显得更为庞大。对学习者来说，他们需要记忆的敬意表现词汇数量无疑要多得多。即便如此，在实际的语言运用中，能够迅速而准确地运用这些敬意表现的场合也并不少见。这既体现了敬意表现在中文中的重要地位，也反映了其在实际交流中的广泛应用。

四、关于本书中所用问卷调查

　　敬意表现作为一种维护人际和谐的技巧，深受社会习俗的规范和推崇，因此中文的敬意表现原则与内容常常成为学术研究的焦点，吸引了众多学者从不同视角进行深入探讨。

　　陈松岑强调，要想恰当运用敬意表现，接受相关的教育是必不可少的。他进一步指出，要使语言表达充满礼貌，个人本身必须具备内在的礼貌素养。①

顾曰国则对中国敬意表现的特点进行了细致的划分。他提出了四个主要特点：一是尊重，即通过使用积极的表达方式来展现对对方的尊重；二是谦虚，即对自己使用谦逊的表达方式；三是友好的态度，即采用友好、关心和热情的表达方式来对待他人；四是表达美，即使用的表达方式应追求一定的语言美感。根据这一分类，我们可以清晰地识别哪些表达方式属于敬意表现的范畴。②

何自然、陈新仁在《当代语用学》③ 一书中，以及陈新仁在《礼貌理论与外语学习》④ 一书中都不约而同地提到，在汉族文化中，敬意表现主要体现在三个方面。首先是尊重，这不仅体现在对倾听者的尊重上，还表现在希望与对方进行深入的讨论和表达善意上。其次是体贴，即站在对方的角度思考，尽量减轻对方的不便和痛苦。最后是热情，即在交谈中始终保持对倾听者的关注和积极的态度，避免冷漠或敷衍。

基于前人对中文敬意表现的深入研究，我们可以总结出以下显著特点。首先，中文中的敬意表现深受说话人的教育背景和性格影响。一个受过良好教育、性格内向的人，在表达敬意时可能更倾向使用含蓄、谦逊的措辞；一个性格开朗、教育程度一般的人，则可能选择更加直接、热情的方式来表达敬意。这种差异体现了敬意表现与个人背景、性格之间的紧密联系。其次，敬意表现与风俗习惯紧密相连。在不同的地域、

---

① 陈松岑. 礼貌语言 [M]. 北京：商务印书馆，1989：16-20.
② 顾曰国. 礼貌、语用与文化 [J]. 外语教学与研究，1992（4）：10-17，80.
③ 何自然，陈新仁. 当代语用学 [M]. 北京：外语教学与研究出版社，2004：53-54.
④ 陈新仁，等. 礼貌理论与外语学习 [M]. 北京：外语教学与研究出版社，2013：44-58.

文化和社交场合中，人们对敬意表现的期望和接受度会有所不同。因此，在使用敬意表达时，人们必须考虑具体的风俗习惯，来确保表达得当、符合规范。再次，敬意表现虽然被视为一种维系关系的手段，但其使用与说话人是否真正尊重对方或第三方并无直接关联。换句话说，一个人即使表面上使用了敬意的表达方式，也不能证明他内心真正尊重对方。因此，在解读敬意表现时，我们需要结合具体的语境和说话人的真实意图进行综合分析。最后，尊重的表达应始终充满热情。无论是通过言辞还是行为，我们都应该展现出对对方的尊重和关心，让对方感受到我们的真诚和善意，只有这样，才能真正实现敬意表现的初衷，即促进人际关系的和谐与发展。

这些研究为现代中文敬意表现提供了诸多见解，但它们未曾深入探讨使用者对现代中文敬意表现所持的态度，致使一些关键问题悬而未决，敬意表现在真实语境中的实际效用也未能明确。

彭国跃的研究，通过梳理现代中文中的敬意表现体系，为未来的相关研究提供了宝贵的视角。然而，其理论框架在现代中文的实际应用中未必完全适用。举例来说，现代中文中模糊表达的使用日趋频繁，传统的"阴阳"二分法在处理敬意表现时并非万能。更何况，在全球化的大趋势下，我们与不同国家、文化背景的人交流的机会日益增多，包括外来语在内的多种因素都在影响着中文表达尊重的方式，因此有必要对现代中文中的敬意表现重新进行思考。此外，现代中文中对敬意表现的定义纷繁复杂，这导致在界定敬意表现的属性时常常出现混淆。例如，一些本应归类为谦辞或美化类的词语，却常被误认为是敬辞。为此，我们大胆设想，将中文敬意表现系统与已经相当完善的日语敬意表现系统进行对比研究。通过借鉴日语中确立的敬意表现概念，我们可以进一步推动中文敬意表现系统研究的深入和完善。

　　语言是不断发展变化的，不同年龄、教育背景和工作内容的人在使用敬意表现时也可能存在显著差异。因此，为了更准确地把握敬意表现在实际交流中的使用情况，我们有必要开展实地调查。具体来说，我们将从中文使用者的口语中，探究他们对敬意表现的认识程度以及在实际对话中如何运用敬意表现要素。通过这样的研究，我们期望能够更全面地了解现代中文敬意表现的实际状况，为其进一步的发展和完善提供有力的支持。

第三章

中文敬意表现的历史发展与理论变化

一、本章目的

当我们深入观察世界各国的语言现象时，不难发现，无论是具有独特体系的日语，还是灵活多变、表达方式不受严格限制的英语，敬意都是不可或缺的一部分。这种敬意不仅仅是礼貌的体现，更是文化、社会习俗和交际规则的反映。在这些语言中，敬意的表达方式都可以按照一定的准则进行分类，从而揭示不同语言在表达敬意时的独特之处。以日语为例，其敬意表现体系堪称严谨而完整。它通过尊敬语、谦让语Ⅰ、谦让语Ⅱ、礼貌语和美化语这五个主要分类，构建了一个层次分明、功能各异的敬意表现系统。这些分类不仅体现了日语对敬意表达分类的细致入微，还反映了日本文化中对尊重他人、维护和谐关系的重视。英语在表达敬意时，则更加注重灵活性和策略性。根据布朗和列文森提出的面子理论，英语中的敬意表达是通过一种复杂的计算公式来衡量的。这个公式（Wx=D（S，H）+P（S，H）+Rx）涉及多个因素，包括说话人与听话人之间的社会地位差异、交际目的以及可能产生的面子威胁等，通过计算得出 FTA 值（面子威胁行为值）。英语中的敬意表达被划分为直接表达、积极礼貌表达、消极礼貌表达、暗示和无面子威胁行为这五种类型。这种分类方式不仅揭示了英语在敬意表达上的多样性和策略性，还为我们理解英语交际文化提供了有力的工具。

相比之下，中文由于其孤立语的特点，往往给人一种缺乏敬意表达的印象。然而，这实际上是一种误解。中文虽然在形式上可能没有像日语或英语那样明显的敬意表现标记，但其在交际中同样蕴含着丰富的敬意表达。这些表达可能体现在语气、语调、词汇选择以及句式结构等多个方面，我们需要在实践中细心体会和揣摩。

洪成玉在其研究中深入探讨了我国人民在人际交往中所表现出的文雅谈吐与有礼举止。他在《谦词敬词婉词词典（增补版）》中明确指出，自古以来，我国人民在社交场合中都非常注重言辞的谦逊与敬重，形成了大量的谦词、敬词和婉词，这些词汇在群众中有着广泛的基础。这些词汇不仅在文人雅士中广为流传，还在普通百姓中也得到了广泛的使用。这一现象充分说明，中文实际上并不缺乏敬意表现，而是有着丰富的敬意表达方式。然而，遗憾的是，人们目前对中文敬意表现的认识存在诸多盲点和误区。这主要是由于中文的敬意表现尚未形成明确的分类方法和标准，导致相关的教育难以普及。由于缺乏系统研究和明确指导，社会大众对中文中的敬意表现往往感到困惑和模糊，无法准确理解和运用。为了理清现代中文的敬意表现，我们有必要从历史的角度出发，梳理中文敬意表现的发展脉络。通过深入了解中文敬意表现的变迁，我们可以更加清晰地认识到其独特性和价值所在。同时，这也为我们进一步总结中文的敬意表现提供了重要的参考和依据。本章将从中文敬意表现的阶段特征入手，深入分析并总结其内在规律和特点。通过本章的介绍，我们希望能够为读者初步认识现代中文的敬意表现做好铺垫。

二、中文敬意表现的定义

关于中文的敬意表现，学术界目前确实还没有一个普遍认同的明确定义。这一问题虽然已引起学界的广泛讨论，但现有的定义仍呈现出多样化的特点。之前，文献综述部分已经对敬意表现的定义略有叙述，为了方便读者阅读，这里再对敬意表现的定义进行梳理。

首先，陈松岑对敬意表现进行了广义和狭义的划分。广义上，他认为敬意表现涵盖了所有符合礼貌原则的语言使用行为及其结果；狭义上，他则专注于那些在交际场合中具有合理性和可接受性的、专门用于表达礼仪的特殊词语。这一观点为我们理解中文的敬意表现提供了一个宽广的视野。

其次，顾曰国则从语言行为规范的角度来解读敬意表现。他认为，敬意表现是一种不分差别、可供人们效仿的语言行为上的规范。这种规范主要体现在两个方面：一是语言内容上的礼貌，即话语的得体与恰当；二是语言表达方式上的礼貌，即语言形式的优雅与尊重。这一观点强调了敬意表现在交际中的规范性和可效仿性。

另外，彭国跃则提出了一种独特的观点。他认为，中文的敬意表现体系是由建立在"阴阳"这两个对立概念基础上的隐喻群构成的。通过敬辞和谦辞的使用，中文能够完成复杂的敬意表现。这一观点揭示了中文敬意表现背后的文化哲学基础，为我们深入理解中文敬意表现提供了新的视角。

在笔者看来，中文是一种孤立语，无法通过数量众多的风格变化来反映说话人和听话人之间地位高低的变化。同时，作为中文表达形式的中国字，其音意文字的特性也使我们很难从一段话中准确判断哪些词语是反映地位变化的，哪些词语是具有实际语法语义的。这导致很多中文使用者认为中文中并无敬意表现或者即使有，数量也很少。为了更准确地定义中文的敬意表现，笔者借鉴了先秦两汉时期关于"名与实"的讨论。在这一基础上，笔者将中文的敬意表现定义为在中文中，虽然存在具有实际而完整的语法语义的词或短语，但在实际会话场景中，说话人有选择地使用有别于其基本义的、客观上能表达会话双方地位变化的词或短语。

这个定义中，"具有实际而完整的语法语义"和"说话人有选择地使用"这两个条件缺一不可。虚词由于其功能的局限性，无法单独承担表达地位变化的任务；实词则能够根据实际会话场景的需要，通过选择来表达不同的地位关系。此外，当说话人在原本可以使用基本义词语的情况下，选择了另外的词语来表达几乎相同的含义时，我们就可以认为说话人意识到了地位的变化，并将这种变化体现在了语言的表达上。因此，在探讨中文的敬意表现时，我们需要综合考虑语言的文化背景、使用场景以及说话人的意图等多个方面。

三、中文敬意表现的历史发展阶段

若要深入探究中文敬意表现的历史脉络与发展轨迹，我们需要借鉴中文理论语言学史的分类方法，进行系统的分析。遗憾的是，目前受书籍材料所限，我们尚未发现历史上专门研究"礼"或敬意表现的专题著作。因此，本书将采用编年史的研究方法，力图从历史的长河中勾勒出中文敬意表现的发展脉络。

在分期方面，本书将参照邵敬敏和方经民的分类方法，将中文敬意表现的发展划分为三个主要阶段。这样的划分，既有助于我们理解不同历史时期中文敬意表现的特点，也能为后续的研究提供有益的参考。

首先是发展·完善期，时间跨度从先秦时期至 1912 年，这一时期对应古代语言研究时期。这一阶段，中文的敬意表现经历了漫长的发展与完善过程。从古代的礼仪制度到文人墨客的交往之道，中文的敬意表现逐渐形成了独特的体系和规范。

其次是变化·衰退期，时间从 1912 年至 1976 年，这一时期对应中文理论语言学初创和探索时期。随着社会的变革和文化的转型，中文的敬意表现在这一时期经历了显著的变化和衰退。传统的敬意表达方式逐渐失去了原有的地位，而新的表达方式尚未形成，造成了敬意表现在一定程度上的缺失和混乱。

最后是复兴·混乱期，时间从 1976 年至今，这一时期对应中文理论语言学发展时期。随着社会的开放和文化的多元化，中文的敬意表现开始逐渐复兴。然而，由于历史遗留问题和现代社会的复杂性，敬意表现在这一阶段也呈现出一定的混乱和不确定性。

我们需要指出的是，本书的分类方法受材料所限，仅能粗略地将中文的敬意表现分为三个大致的时期。如果有更加丰富的古籍或研究材料，我们或许可以将这些时期进一步细化，来更准确地揭示中文敬意表现的历史演变。我们期待后续的研究者们能够继续深入研究这一领域，为中文理论语言学的发展做出更大的贡献。

（一）发展·完善期的敬意表现

中文的敬意表现，其源头可追溯至遥远的先秦时期。在那个时代，敬意表现与"礼"的概念尚未有明确的界限，它们彼此交织，难以分割。这两者都是通过精妙的语言来向神秘的神灵表达虔诚的敬意的。这种表达，既是对神灵的尊重与敬仰，也寄托着人们深沉的期盼——期望通过这种方式，能换来神灵的庇佑与守护，从而达到祈福去祸、保佑平安的美好愿望。

随着时间的流转，社会的进步，"礼"的内涵也悄然发生了变化。它不再仅局限于对神灵的祭祀与崇拜，而是逐渐拓展到了人们的日常生活中，涵盖了仪容、举止、谈吐等方方面面。在《论语·泰伯》中，孔子曾提道："兴于《诗》，立于礼，成于乐。"这句话深刻地揭示了语言文字在提升民众道德修养方面的巨大作用，也成为表述敬意表现与道德修养之间关系的最早文献记载。由此可见，从先秦时期开始，人们对敬意表现就已经有了初步的认识与需求，他们开始意识到，通过恰当的语言表达，可以展现出对他人的尊重与敬意，进而提升个人的道德修养与社会地位。

这种对敬意表现的认识与需求，也促使人们更加关注语言的使用与表达。他们开始注重语言的精练与准确，力求通过恰当的语言表达来展现自己的敬意与修养。同时，他们也开始关注不同场合下敬意表现的差异与变化，根据不同的情境与对象，选择合适的语言与方式来表达自己的敬意。因此，我们可以说中文的敬意表现在先秦时期就已经开始萌芽了，并逐渐发展为一种独特的文化现象。它不仅是人们向神灵表达敬意的一种方式，还是人们日常生活中不可或缺的一部分。它见证了人们对礼仪与道德的追求与探索，也展示了中华民族深厚的文化底蕴与精神风貌。

根据何九盈①的深入研究，我们了解，在那个时代，中文的语言学领域主要聚焦于以下五大核心议题。

第一，方言调查。这一工作是了解中文方言多样性及其分布的关键

---

① 何九盈. 中国古代语言学史［M］. 郑州：河南人民出版社，1985.

途径。中央王朝为了更全面地掌握全国各地的语言使用情况，特意派遣特使前往各地进行详细的方言调查。这些特使不仅记录下了方言的发音、词汇和语法结构，还尝试分析不同方言之间的差异和联系，为后来的语言学研究提供了宝贵的资料。第二，词义辨析。这一工作主要关注同义词或近义词之间的细微差别。在中文丰富的词汇中，很多词语虽然意思相近，但在具体使用上有所不同。因此，词义辨析成了语言学研究的一个重要方面。学者们通过对比和分析同义词或近义词的含义、用法和语境，帮助我们更准确地理解和使用这些词语。第三，修辞理论也是当时语言学研究的一个重要领域。修辞是指正确地运用语言来表达思想、情感和意图。在那个时代，学者们已经开始关注修辞的技巧和原则，并总结出了一些基本规律。例如，"修辞立其诚"强调了修辞应以真诚为基础，而"辞达而已矣"则强调了修辞的目的在于清晰明了地表达意思。这些原则至今仍然对我们的语言表达有着重要的指导意义。第四，名物训诂是对古代典籍中的字义进行训释。古代典籍中的语言往往与现代中文有所不同，因此需要进行专门的训释来解读这些典籍。名物训诂不仅涉及对单个字义的解释，还包括对古代文化、历史和社会的理解。通过名物训诂，我们可以更深入地了解古代文化和思想，也能更准确地理解古代文献的内涵。第五，建立初步的语言理论是当时语言学研究的一个重要目标。学者们开始从理论上探讨语言的社会本质、语言与思维的关系等深层次问题。他们试图通过对语言的起源、发展和演变进行深入研究，来揭示语言的本质和规律。这些初步的语言理论为后续的语言学研究奠定了坚实的基础，也为人们更深入地理解语言与人类文明的关系提供了重要的思路。

这个时期，中文语言研究尚处于萌芽阶段，敬意表现这一概念尚未被明确提出。然而，在先秦这个充满变革与探索的社会背景下，学者们已经开始敏锐地觉察到表示称谓和社会伦理道德的名词所发生的变化。这一发现，不仅揭示了当时社会伦理观念的演变，还为后来敬意表现的研究奠定了重要基础。在《礼记·曲礼上》中，有这样一句深刻的话："夫礼者，自卑而尊人。"这句话，我们可以视为对敬意表现的最早定义和阐释。从语言的角度理解，它告诉我们，在遵循礼仪的过程中，应当保持一种谦卑的态度，同时尊重他人。这种自我谦卑与尊重他人的原则，正是敬意表现的核心所在。与此同时，《淮南子·要略》中的描述："新故相反，前后相缪，百官背乱，不知所用，故刑名之书生焉。"则为我们提供了对这一时期语言现象的生动注脚。它描绘了一个新旧交替、前后矛盾、秩序混乱的社会背景，正是在这样的背景下，语言的运用和表达也发生了深刻的变化。这种变化，既体现在词汇的创新和丰富上，也体现在对语言表达的精准和恰当要求上。

诸子百家在这个时期对"名"和"实"的讨论，正是对语言现象和社会伦理观念变化的一种深入探索。他们试图通过辨析名与实的关系，来明确语言的准确运用和社会伦理道德的规范。其中，儒、墨、法三家关于"正名"的不同解释，更是体现了他们在敬意表现方面的不同理解和探索。在"实"与"名"的辩证关系中，我们可以看到敬意表现的深刻内涵。具有实际意义的表现，即"实"，它是敬意表现的基础和前提；根据身份准确使用词汇的特点，即"名"，它则是敬意表现的具体体现。只有当语言表达既符合实际意义，又能准确反映身份和地位时，我们才可以称之为敬意表现。因此，在这个时期，中文语言研究尽管尚未明确提出敬意表现这一概念，但先秦学者们的探索和研究已经为后来的敬意表现研究提供了重要的思路和启示。他们的努力，不仅推动了中文语言研究的发展，还为我们理解和把握敬意表现的本质提供了宝贵的借鉴。

及至汉代，中国的学术领域迎来了一个崭新的发展阶段。在这一时期，训诂学在经学的影响下取得了长足的发展，与此同时，词义方面的研究也蓬勃兴起。这种浓厚学术氛围，不仅为当时的学者提供了丰富的研究资源，还为后世的中文语言学研究奠定了坚实的基础。汉代的杰出学者贾谊所著《新书》中的《道术篇》为我们提供了关于伦理道德反义词的深入解释。通过对这些反义词的细致剖析，我们可以窥见当时社会对道德伦理的深刻理解和独特见解。这些解释不仅有助于我们理解古代社会的道德观念，还为后世的伦理学研究提供了宝贵的建议。另一位学者蔡邕，他的《独断》则是对汉代政治、认识词汇的一次全面释义。在这部著作中，蔡邕对众多汉代词汇进行了深入的剖析和解释。其中对"朕"这一词汇的解释尤为引人注目。他写道："朕，我也。古者尊卑共之，贵贱不嫌，则可同号之义也。……至秦，天子独以为称，汉因而不改也。"这一解释不仅揭示了"朕"这一词汇在古代社会的使用情况，也为我们理解古代皇帝的自称方式提供了重要的线索。可以说，这是古代语言史上最早关于敬称的词条解释，对我们理解古代社会的语言文化具有重要意义。

随着训诂学和词义研究的深入发展，后世的敬意表现也逐渐形成并丰富起来。这些敬意表现大多源自词义研究和训诂学的成果，它们通过精准的语言表达，体现了人们对他人或事物的尊重和敬意。可以说，汉代训诂学和词义研究的繁荣为后世的敬意表现提供了丰富的土壤和养分，使这一文化现象得以在中文中生根发芽、茁壮成长。

我们由此可以看出，从现存资料来看，中文的敬意表现在中文研究刚刚起步时，并未形成独立的体系，而是作为词义研究的一个分支而存在的。随着学者们对词义的不断深入探索，敬意表现也在这一过程中逐渐积累起来，并开始有了初步的分类。基于《礼记》中对敬意的经典定义，我们可以将中文的敬意表现大致划分为敬辞和谦辞两大类。敬辞是对他人表示尊敬和敬意的词汇，而谦辞则是用来表达自我谦逊和恭敬的词语。这两类词汇在中文中运用广泛，不仅在日常交流中频繁出现，还在书信等书面表达中发挥着至关重要的作用。在中文中，敬意表现的使用方式在某种程度上类似日语中的"绝对敬语"。无论场合如何，敬意表现都是不可或缺的。尤其在书信中，无论是写给长辈、领导还是朋友的信，敬意表现都是必不可少的元素。通过选用恰当的敬辞和谦辞，人们能够准确地传达出对对方的尊敬和谦逊态度，体现了中华文化的深厚底蕴。除了敬辞和谦辞，中文还创造并积累了丰富多样的婉辞。婉辞是一种委婉、含蓄的表达词汇，能够在不直接冒犯或伤害他人的前提下，传达出特定的信息或情感。这种表达方式既体现了中文的细腻性，也进一步丰富了中文的敬意表现体系。因此，这一时期可以看作中文敬意表现的发展和完善期。在词义研究的基础上，敬意表现逐渐形成了自己的体系和特色，并在实践中不断丰富和完善。因此，这段时期可以被称为敬意表现的发展·完善期。

（二）变化·衰退期的敬意表现

自 1911 年辛亥革命爆发至 1976 年，这一历史阶段可以被视为中文敬意表现的衰退期。在这一时期，中文的语言表现发生了显著的变化，特别是从白话文运动的兴起开始，中文的使用方式发生了巨大的转变。白话文运动的兴起，使得文言文逐渐退出历史舞台，白话文开始占据主导地位。这一转变不仅标志着口头语言和书面语言之间的差距日益缩小，还预示着以书面语言为核心的敬意表现体系逐渐瓦解。随着白话文的普及和应用，人们的日常交流变得更加直接、简单和实用，敬意表现的使用也受到了很大的影响。1949年中华人民共和国成立，这进一步加速了敬意表现的衰退。为了普及民主平等的理念，否定阶级的概念，毛泽东提出"文字必须在一定条件下加以改革，言语必须接近民众"①这个论述。这一政策导向直接影响了中文的使用和发展，使敬意表现这一体现知识水平较高的语言表达方式的使用频率逐渐减少。在这一时期，随着社会的变革和文化的转型，人们的价值观念也在发生变化。传统的尊卑观念逐渐淡化，平等、自由、民主的理念逐渐深入人心。这种价值观念的变化也反映在了中文的使用上，敬意表现不再是必不可少的语言表达方式，而逐渐被其他更加平等、自由的表达方式所替代。尽管如此，敬意表现在中文中仍然占据着一席之地。在特定场合和情境下，如书信、正式场合等，人们仍然会使用一些敬辞和谦辞来表达对他人的尊重和谦逊。同时，随着社会的不断发展和进步，敬意表现也在不断变化，以适应新的社会环境和文化需求。

另外，中国地域辽阔，各地的文化和语言差异显著，这种多样性在一定程度上增加了教育普及的难度和成本。为了推动全国范围内的教育普及，减少教育成本，更有效地培养人才，语言的统一化成了一项迫切的需求。在这一背景下，中文语言政策逐渐倾向简化书面用语，以便更好地推广普通话和文化教育。然而，正如前文所提及的，中文的敬意表现主要依赖书面语言。书面语言中的敬辞、谦辞等表达方式，是体现敬意和谦逊态度的重要手段。随着书面用语的简化，敬意表现的使用不可

---

① 毛泽东. 新民主主义论［M］//毛泽东选集：第二卷. 北京：人民出版社，1991：707-708.

避免地受到了影响，许多传统的敬意表达方式逐渐被淘汰或淡化。这导致了敬意表现的种类与数量急剧减少，使中文在表达敬意方面变得相对单一和匮乏。

1966 年，一场以"破四旧"为口号的"文化大革命"席卷全国，其强调打破旧有文化和习惯的思潮深刻影响了社会生活的方方面面。在这一背景下，作为旧时代礼仪制度的语言表达方式，敬意表现在这段时期遭受了前所未有的冲击和中断。在"文化大革命"期间，许多传统的文化元素和礼仪制度被视为封建残余和落后习俗，遭到猛烈批判和破坏。敬意表现作为其中的一部分，其使用范围和方式都受到了极大的限制。人们在交往中更多地追求直接、简洁的语言表达，而敬意表现则被视为繁文缛节和虚伪做作，逐渐淡出了人们的日常生活。现代中文的使用者大多出生于这一时期或受其影响深远，因此他们往往认为现代中文中缺乏敬意表现也是情有可原的。然而，虽然敬意表现在这一时期受到了一定的冲击和限制，但它并未完全消失。在一些特定的场合和情境下，如口头称呼，婚葬场合的祝愿、致歉等，人们仍然会使用一些敬意表达方式，来体现对他人的尊重和谦逊。

综上所述，我们认为从辛亥革命开始到 1976 年改革开放后的这一段时间，社会形态发生了翻天覆地的变化，社会变革和文化转型对敬意表现产生了深远的影响，使其在现代中文中的使用范围和方式都发生了显著的变化。因此，这段时期可以被称作敬意表现的变化·衰退期。

（三）复兴·混乱期的敬意表现

自 1978 年改革开放政策实施以来，中国的经济实现了飞速发展，城市化的步伐也日益加快，这使语言的使用情况也随之发生了深刻的变化。随着城市化进程的推进，人口流动加剧，不同地域、不同文化背景的人们相互交融，形成了多元化的语言使用环境。同时，随着数十年义务教育的普及，中文使用者的教育水平和自身素质得到了显著提升，他们对规范、准确的语言表达的需求也日益增长。为了满足这一需求，2001年起施行的《中华人民共和国国家通用语言文字法》（简称语言法）应运而生。这部法律的出台，旨在推动国家通用语言文字的规范化、标准化及健康发展，为全社会的语言使用提供了法律保障。在语言法的指导下，人们更加注重语言表达的准确性和规范性，尤其是在公共场合和正式场合，使用规范的语言成了基本的要求。为了适应现代社会的语言生活需求，并结合语言的规范化这一法律上的要求，2007年，国家语言文字工作委员会提出了构建和谐的语言生活这一观点。这一观点的提出，旨在倡导人们在日常生活中注重语言的和谐、文明和礼貌，营造积极向上的语言氛围。在这一背景下，我们对敬意表现这一作为人与人社会关系中的规范化语言表达方式的研究，显得尤为重要。敬意表现作为社交礼仪的重要组成部分，是体现人与人之间尊重和谦逊的重要手段。在现代社会中，随着人们文化素质的提高和社交场合的增多，人们对敬意表现的需求也日益增长。因此，对其进行深入的研究和探讨，不仅有助于推动中文的规范化发展，还能够提升人们的社交素养和文化修养，促进社会的和谐与进步。

随着对敬意表现研究的逐渐深入，许多学者纷纷从古代中文入手，开启了中文的敬意表现探索之旅。当前，研究的重心主要聚焦于古代中文中敬意表现的梳理与整理上，通过对古代文献的深入挖掘和分析，试图揭示古代人们在社交场合中如何运用敬意表达来体现尊重和谦逊。与此同时，也有一部分学者开始关注敬意表现的原则性问题，他们试图通过探讨敬意表达的内在逻辑和规律，为现代中文的敬意表现提供理论支持。迄今为止，相关研究已形成了两大主要类别。

　　第一类研究致力于对发展和完成时期出现的中文敬词进行详尽的整理。这一工作不仅需要对古代文献进行深入的挖掘和分析，还需要对敬词的使用语境、语义演变等方面进行细致的研究。这一领域的成果丰硕，其中洪成玉的《谦词敬词婉词词典》无疑是巅峰之作。该词典的出版，为现代中文敬意表现的研究提供了宝贵的资料。《谦词敬词婉词词典》共收录了敬意表现 3100 余条，每一条敬意表现都经过精心挑选和整理，确保其准确性和权威性。在释义方面，该词典打破了传统的读音顺序，改为先解释词义，再说明用法，使读者能够更直观地理解敬意表现的含义和用法。这一创新之举在敬意表现系统化方面向前迈进了一步，为后来的研究者提供了有益的借鉴和参考。此外，该词典还注重敬意表现的实际应用，提供了大量的例句和用法说明，帮助读者更好地掌握敬意表现的使用技巧。这种注重实用性的编纂理念，使《谦词敬词婉词词典》成为现代中文敬意表现研究领域的一部重要著作，其对推动中文敬意表达的规范化、系统化具有重要意义。

　　敬意表现系统化的推进，另一个不可忽视的进步是引入了对敬意表现使用的语用分析。这一举措的出现，不仅深化了我们对敬意表现的理解，还为我们更精准地运用敬意表现提供了理论支持。在语用分析框架中，研究者们开始深入探讨使用敬意表现时应遵循的原则。这些原则涉及语言使用的社会规范、文化习俗以及交际双方的关系等多个层面。通过遵循这些原则，人们能够更准确地把握敬意表现使用的分寸，避免在交际中出现不必要的误解或冲突。此外，研究者们还关注了敬意表现的语用策略对使用敬意表现行为的影响。语用策略是指在特定交际情境下，为了达成某种交际目的而采取的语言使用方式。在敬意表现使用中，不同的语用策略可能会导致不同的交际效果。了解并掌握这些策略，将有助于我们更加灵活地运用敬意表现，实现有效的交际目的。语用分析还涉及语言所表达的属性在不同情况下的转换问题。在实际交际中，敬意表现的使用往往需要根据具体情况进行灵活调整。例如，在某些场合下，过于正式或过于随意的敬意表现都可能导致交际失败。因此，我们需要根据交际双方的关系、交际场合的性质以及所要表达的意图等因素，选择合适的敬意表现。

这些研究尽管取得了一定成果，但是这些研究成果还不足以形成一套完整的理论来指导实践，实践生活与理论之间也存在巨大的鸿沟。究其原因主要有以下两点：第一，不同的研究者对敬意表现的定义持有各异的观点。目前，学术界尚未提出一个能够被广泛接受的统一定义，这成了敬意表现系统化进程中的一大障碍。由于缺乏明确的定义，作为敬意表现系统化最为关键的使用情景研究几乎无法进行，这使敬意表现的实际使用情况仍然扑朔迷离，难以捉摸。由于缺乏统一的定义和深入的研究，教育领域在传授有关敬意表现的知识时也面临着巨大的挑战。学生们往往无法获得关于中文敬意表现定义的明确解释，也不清楚如何正确使用敬意表现，更难以理解说话人与听话人或话题人物之间复杂的人际关系。这种知识的缺失导致在实际交际中，说话人常常无法准确表达自己的意图，所使用的敬意表现与想要表达的意思出现偏差，进而造成失礼的情况。我们以"光临"和"光顾"这两个敬词为例，尽管它们都表达了对对方的尊重和敬意，但在使用上存在明显的差异。"光临"作为迎宾用语的一种表达，其指代他人来访的含义已经被大家广泛接受和认可，然而"光顾"这个词，很多人并不清楚它同样是敬词的一种，甚至在实际使用中，偶尔会出现将其用于描述自己行为的情形，这显然是不符合敬意表现使用原则的。

　　第二，目前的研究成果对如何构建符合新的社会环境及语言使用实际情况的敬意表现体系尚缺乏明确的讨论和共识。这种现状给语言教育带来了不小的挑战。在教授中文的过程中，由于缺乏系统、规范的敬意表现知识体系，教师往往难以向学生准确普及中文敬意表现的相关知识。这导致许多中文使用者在使用敬意表现时，往往无法准确表达自己的意图，甚至出现误用或乱用的现象。以"屈就"一词为例，它原本是用来敬称他人来自己这边工作的情况，应该被理解为敬词。然而，由于"屈"字包含自己地位卑下，他人施加于自己的行为这种含义，因此不少人在使用时便将其误当作谦词，从而产生了误用现象。这种误用不仅影响了语言的准确性，还在一定程度上破坏了社交场合的和谐氛围。

　　现代中文的敬意表现，其核心目标在于确保会话过程中的顺畅沟通与有效交流，同时展现个人的修养与素质。然而，我们必须认识到，当会话双方在教育背景、职业领域及知识水平上存在显著差异时，敬意表现往往难以达到预期效果，甚至可能引发误解，进而阻碍双方真实意图的表达。"屈就"一词的误用便可窥见这一现象的普遍性。若对方对这个词的构造和内涵缺乏了解，便很可能将其误解为含有贬低或轻视对方的意味。这种误解不仅可能导致会话双方陷入尴尬境地，还可能破坏原本和谐的交流氛围，使敬意表达适得其反。

四、中文敬意表现的理论变化

（一）训诂学中的敬意表现

如上所述，中国的敬意表现早在先秦时期便已开始被使用，这一点无疑证明了敬意在中华历史文化中的重要地位。随着时间的推移，敬意表达和礼貌的言语形式究竟是什么的问题逐渐凸显，这也使敬意表现成了中国古代语言学家，特别是训诂学家必须深入探究的课题。在汉代，训诂学得到了显著的发展，众多杰出的训诂学家如雨后春笋般涌现。前汉时期的孔安国、扬雄，后汉时期的郑玄、赵奢等人，他们的研究为后世留下了丰富的学术遗产。在他们的研究资料中，我们首次见到了用于表达敬意的学术名词，这些名词不仅仅是简单的称谓，还承载了深厚的文化内涵和社交礼仪。这些学术名词中，包括了"尊称、卑称、美称、鄙称、贱称、俗称、谦称"等多种记号。每一个称号都代表着不同的社交场合和人际关系，体现了古代人们对敬意表达的严谨态度。例如，"尊称"用于表示对长辈或尊贵人物的尊敬，"卑称"则用于自谦或表示对他人的谦卑。这些称号的使用，不仅体现了语言的艺术，还展现了古代社会的礼仪规范和人际交往的智慧。训诂学作为中国古代语言研究的一种形式，其实质是以阐释语言意义为核心的综合性学问。它涵盖了语音、符号、语法、语义、历史变迁、地域变迁等多种因素的研究。敬意表达尽管是训诂学的一个重要研究领域，但训诂学的研究范围并不局限于敬意表现方面。它更多地关注用字和用词的顺序组织和解释，旨在揭示语言背后的深层含义和文化内涵。以郑玄为例，彭国跃[①]在研究中

---

① 彭国跃. 关于汉代郑玄训释后古代汉语对人机能：使用历史语用论的方法 [J]. 语用论研究，2007：17-36.

指出，郑玄对语言的人际功能进行了深入的探究。他共列出了58条与语言的人际功能相关的戒律，并使用了34个艺术字来进一步阐释，并将其进一步整理为以下七种表达内容类型。

表3-1　郑玄训释时使用的术语及使用次数

术语分类	郑玄使用的人际关系功能术语（使用总数）	合计	
①尊敬表现类	尊称（2）尊敬辞（1）称所尊敬之辞（1）尊之（2）应敬之辞（1）恭（2）	9	
②谦让表现类	谦称（1）谦辞（2）自谦之辞（1）言之谦（1）谦（15）	20	
③美化表现类	美称（4）美之辞（1）美言（1）	6	
④失敬表现类	非敬辞（1）不敬（1）	2	58回
⑤亲密表现类	亲之辞（1）相亲之辞（1）弥亲之辞（2）亲亲之辞（2）亲爱之言（1）	7	
⑥身份表现类	贱称（2）卑称（1）贫贱之称（1）有德之称（1）尊适卑（1）于尊……于卑……（1）尊卑异文（1）	8	
⑦其他表现	殷勤（1）殷勤之言（1）殷勤之意（1）昧冒之辞（1）各以其义务（1）通稿（1）	6	

据说，郑玄作为一代杰出的训诂学家，其学识渊博，解释过的书籍数量众多，竟高达80种。然而，在历史的洪流中，他的部分著作未能幸免于时光的侵蚀，散佚在了无尽的岁月中。尽管如此，郑玄的学术贡献仍然熠熠生辉，他解释并流传至今的著作依然是我们研究古代文化和语言的重要资料。这些著作中，包括《诗经》《礼记》《周易》《尚书》《孝经》《论语》等经典之作。这些书籍不仅是古代文化的瑰宝，还是郑玄训诂学研究的重要载体。通过对这些书籍的解释和注释，我们可以

看出训诂学时期敬意表现的特点。

1. 中国古代的敬意表达中，谦辞占据了核心地位。彭国跃的研究结果显示，尽管郑玄列举了58条敬辞，但其中竟有20条属于谦辞，这大约占据了总数的35%。更值得一提的是，身份表达中的5条戒律，它们均是以贬低自我、尊崇他人为表达方式，而那些不敬的表达，则只能被归类为对待的表达，并不构成尊称。因此，当我们将这些不敬的表达也算入其中时，谦辞的比例上升到了45%，几乎占了一半。由此，我们不难理解为何现代社会中，人们常常将敬意表现与贬低自己的表达方式相联系，从而产生了对使用敬意表现的抵触情绪。

2. 对中国古代的敬意表现，我们应当将其视为一种表达人际关系的方式。在郑玄的敬意表现训诂中，其虽然存在两个失传的敬意表达和7个亲昵的表达，但这并不符合我们在语言表达中对敬意表现的传统定义。因此，至少从训诂学的角度来看，我们应当将敬意表现视作一种表现人际关系亲疏的表达形式。

3. 深入探究训诂学，我们可以清晰地看到中文敬意表现在展示人际关系功能方面的丰富内涵。从表格列出的敬意表现中，我们不仅能够窥见敬意表现所蕴含的等级关系和亲密关系，还能深刻感受到言语行为和修辞在人际互动中所发挥的重要作用。可以说，郑玄的研究无疑为中文敬意表现的理论构建奠定了坚实的基础。

值得关注的是，我们选取郑玄作为示例，旨在推动训诂学中敬意表现的历史脉络与理论深度的探索。然而，我们必须正视一个现实，即训诂学在敬意表现研究上的范围相对局限，主要是对古籍的注解。中文中敬意表现的系统化，实则是一个涉及文化原则和语法规则的复杂过程。如果单纯依赖训诂学，我们可能会面临敬意表现系统化工作难以深入推进的困境。因此，我们需要更加广泛地汲取其他相关领域的知识和方法，共同推动敬意表现研究的深入发展。

（二）《礼貌语言手册》中整理的敬意表现

1980 年 9 月，北京语言学会举行了一次意义非凡的会议，会上首次提出了现代中文中"礼貌用语"的概念。这一概念的提出，标志着我国语言学界对中文敬意表现的研究进入了一个新的阶段。与会专家们就中文敬意表现的当前状况及未来发展前景进行了深入的探讨和总结，他们的观点与见解为后续的研究提供了宝贵的思路和方向。两年后，即 1982 年，一本名为《礼貌语言手册》[①] 的著作应运而生。这本手册的出版，可以说是对前次会议上专家们的讨论成果的一次集中展示和深化。它的编纂并非凭空而来，而是基于对学校、家庭、社会、服务、通信、公共交通、体育、医院和旅游这 9 种不同行业的实地调查。专家委员会在详尽调查的基础上，通过精心编辑，最终呈现出了这本手册。在《礼貌语言手册》中，它详细介绍了在上述 9 种情境下使用敬意表现的具体例子。不仅如此，它还详细说明了在每种特定情况下，说话者应该如何调整自己的姿态，来更好地表达敬意和礼貌。这些例子和说明不仅为大众提供了实用的指导，还为我们深入理解敬意表现的使用规则和文化内涵提供了重要的参考。

以社交场合为例，《礼貌语言手册》总结了两个原则，来指导人们在交往中更好地运用敬意表现。首先，与新认识的人交谈时，我们应先做自我介绍。自我介绍时，态度应积极且谦虚，避免过分夸大或贬低自己。自我介绍完成后，我们应礼貌地询问对方的姓名、身份和其他个人信息，以表示对对方的尊重和关心。其次，在多人对话的场合中，你如

---

① 北京市语言学会．礼貌语言手册 [M]．北京：北京出版社，1982.

果同时认识在场的 A 和 B 两人，但 A 和 B 是第一次见面，那么在你与他们积极交谈的同时，你也应促成他们之间的交谈，避免过于执着地与其中一人交谈，而忽视另一人的存在。此外，在介绍他人时，我们应优先考虑年长者，来体现对年长者的尊重和敬意。被介绍的两个人最好以相互尊重的方式打招呼，如点头致意或握手问候等，来营造和谐友好的氛围。这些原则的提出，不仅有助于人们在社交场合中更好地运用敬意表现，还体现了我国传统文化中尊重他人、注重礼仪的精神。

这种对敬意表现使用方法和应有态度的详尽介绍，不仅为我们确立了现代中文中相互尊重的基石原则，而且使这种尊重成了一种相互的、相对的存在，深刻体现了人与人之间和谐共处、相互尊重的人际关系。然而，正如任何事物都有其局限性一样，《礼貌语言手册》在编排各种情况时过于具体，导致当社会发生快速变革时，其中部分表达方式显得陈旧，无法适应新的语言现象。此外，其中的某些内容与现代社会的语言生活存在一定的脱节现象，使其在实际应用中受到了限制。更值得注意的是，《礼貌语言手册》在编写过程中对语法规则的巩固不足，以及对创造词和敬意表现性质的深入了解不够，使一些现代社会中如展示自我等重要的敬意表现要素无法得到充分的表达。这在一定程度上限制了敬意表现在现代社会中的发展和应用。为了解决这个问题，我们必须重新深入调查现代社会中敬意表现使用的现状。我们需要了解在新的社会背景下，人们是如何使用敬意表现的，又有哪些新的敬意表现方式出现。

（三）敬意表现的原则及隐喻性敬意表现的确立

顾曰国提出的敬意表现原则，标志着从经典语言学角度对中文敬意表现研究的开端。① 他深刻指出，现代中文在表达敬意时，其传统上用于展现社会等级关系的功能已经逐渐淡化，转而更加注重促进社会和谐以及调和人际矛盾的作用。这一转变使一些传统的敬意表达方式显得不合时宜。此外，从礼貌的角度出发，顾曰国强调中文敬意表现必须涵盖"自谦之礼"（The Self-denigration Maxim）、"称谓之礼"（The Address Maxim）和"修饰之礼"（The Refinement Maxim）三大要素，并据此初步提出了 7 条规则。经过后续的整理和调整，这些规则最终精简为 5 条。他在随后 1992 年这篇论文中，对这 5 条规则的含义进行了深入的阐述：第一是贬己尊人的原则，即表达时应保持谦虚的态度对待自己，同时以尊重的方式对待他人；第二是称呼规则，强调使用恰当的称谓来称呼他人；第三是文雅规则，提倡使用文雅的语言，避免粗俗的表达；第四是同意和共情原则，主张双方应尽力寻求共识，即使在无法达成一致时，也应先站在对方的角度进行表达；第五是言语一致规则，即在行动上尽量言简意赅，来减轻对方负担，同时在语言上尽量详细，来从对方那里获取更多信息，且不增加自身负担。顾曰国的研究不仅首次从语言学角度对中文中的敬意表现进行了深入分析，还探索了相应的研究方法，旨在为未来敬意表现的基本规则奠定基础。他的理论基础——利奇、布朗和列文森（Penelope Brown & Stephen C. Levinson）② 的礼貌理论（Politeness Theory），在学术界得到了广泛认可，被视为研究现代中文中尊重他人表达方式的基本理论。顾曰国的研究可能已触及中文敬意表现的本质，但敬意表现的语法问题依然悬而未决，中文敬意表现的系

① GU Y. Politeness Phenomena in Modern Chinese ［J］. Journal of pragmatics, 1990, 14 （2）: 237-257.

② BROWN P, LEVINSON S C, GUMPERZ J J. Politeness: Some Universals in Language Usage ［M］. London: Cambridge University Press, 1987.

统化仍面临诸多挑战。

在此基础上，彭国跃进一步提出了自己的理论观点。他的研究主要分为两大方面：一方面，他认为敬意表现是基于"阴阳世界观"的人际关系认知系统中的语言表达；另一方面，他指出，直至近代，中文中的敬意表现主要体现为隐喻性敬意表现，这些敬意表现在阴阳模型的基础上将意图与媒介相结合，来实现礼貌交流的目的。此外，彭国跃还试图对现代中文敬意表现进行系统的梳理，他观察到现代中文的敬意表现体系与日语存在显著差异。他指出，在中文中，并非所有的敬意表现都得到了充分的描述，个人仍有创造敬意表现的空间。彭国跃的研究不仅首次对敬意表现进行了系统的整理，还尝试阐明了敬意表现在语言学中的具体功能，如敬意表现与其修饰成分之间的关系以及敬意表现所体现的人际关系等，为用中文描述敬意表现系统的可能性迈出了关键一步。然而，需要注意的是，彭国跃的研究主要基于近代中文，其理论是否适用现代中文仍需进一步验证。

本章当中，我们从敬意表现的历史发展脉络与理论演进轨迹两个维度，详细探讨了现代中文敬意表现的发展脉络。敬意表现作为语言文化的重要组成部分，其演变历程不仅映射了社会文明的进步，还反映了人际交往的细腻变化。通过历史的梳理，我们得以窥见现代中文敬意表现如何从古代礼仪中汲取养分，又如何在现代社会的冲击下不断变革与调整。理论的发展，则为现代中文敬意表现提供了坚实的基础。从早期的简单分类到后来的系统化理论构建，学者们对敬意表现的理解和表达日益深入。这些理论不仅为我们理解现代中文敬意表现提供了理论框架，还为我们探索其未来发展提供了思路。

然而，我们必须清醒地认识到，现代中文的敬意表现目前正处于一个复兴与混乱并存的时期。一方面，随着社会的开放和多元，人们对敬意的理解和表达日益丰富；另一方面，由于缺乏统一的标准和规范，现代中文敬意表现在实际使用中往往存在混乱和误解的现象。针对这一现状，现有的现代中文敬意表现的基本 5 项原则：贬己尊人原则、称呼原则、文雅原则、同意和共情原则、言行一致原则不仅是对现代中文敬意表现的高度概括，还是我们理解和运用敬意的指导原则。不过，仅仅提出原则是不够的，我们还需要对现代中文的敬意表现进行深入的总结和系统化，这需要从两个方面着手：一是整理现有的敬意表现理论，形成一套完整、系统的理论体系；二是研究敬意表现的实际使用情况，了解其在不同场合、不同语境中的具体表现，从而为其提供更加精准的指导和建议。在下一章中，我们将进一步探讨中文敬意表现的特点，并对其理论进行深入阐述。通过对中文敬意表现特点的剖析，我们将更加深入地理解其背后的文化内涵和社会功能，而对其理论的阐述，则将为我们提供更加深入和全面的认识，为现代中文敬意表现的未来发展提供有力的理论支撑。

第四章

中文敬意表现的特点

一、中文敬意表现中表示的人际关系

藤堂明保在《汉语中的敬语》①一文中，对中文的敬意表现做了如下叙述：首先，中文中的敬意表现，实际上与中国人的生死观念有着密不可分的关系。在中国人的观念中，尊重生命、珍视生命是至关重要的，而尊重他人的生命更是被视为一种崇高的道德准则。在这种观念的影响下，中国人以不侵犯他人的生命领域②为第一要务，敬意表现也由此应运而生。这种敬意不仅仅是对生命的尊重，还是对他人人格、尊严的尊重。其次，在中文中，这种敬意有着最直观的表现，那就是字和实名的区别。字往往用于代称，而不是直接称呼他人的本名。这种以字代名的做法，其实就是在处理人际关系时，避免直接触及他人的生命境界，从而体现出的一种尊重和敬意。这种习惯已经深入人心，成了我们

① 藤堂明保. 汉语中的敬语 [M] //林四郎，南不二男. 敬语讲座：第 8 卷：世界的敬语. 日本：明治书院，1974：139-162.
② 根据藤堂的描述，生命的境界可以被视作一种由 "魂灵" 所散发的微光形式。这个 "魂灵" 潜藏在人的姓氏意识之下，只要生命之火不熄，它便永恒存在。这种微光，不仅是生命存在的见证，还是我们生命境界的直观体现。因此，我们可以将其概括为 "生命的见证即生命的境界"。

社交礼仪的一部分，也让我们在称呼对方时有了更多的巧妙之处。除此之外，中文中的敬意还体现在"尊重的言语"上。我们尊重对方的容貌，不仅仅是出于礼貌，而且更是体现了对他人生活领域的尊重。这种尊重不仅体现在言语上，还体现在行为举止方面。然而，这种尊重的言语和举止，往往只适用于那些依附上层社会的人，也就是那些读书人。对普通人或者妇女和儿童，由于社会地位的差异，他们往往无法享受这种尊称。

敬意表现的起源确实可能涉及中国人的生死观，生命境界等理论也确实有其合理之处，但这并不能一概而论，断定这就是中文敬意表现所包含的全部人际关系。敬意表现作为一种复杂的社交现象，其内涵远比我们想象的要丰富和多元，如第三章第一节所述，在古代中文中，"自卑"与"尊人"必须同时存在，这体现了一种独特的平衡与和谐。作为"夫礼者，自卑而尊人"的延续，即便是社会最底层的人，他们也都有其值得尊重的地方。"虽负贩者，必有尊也，而况富贵乎"这句话正是这种观念深深植根于中国人心中的具体表现。它强调的是人人平等，无论地位高低，都值得我们去尊重。《礼记·曲礼上》的第一部分也明确指出："夫礼者所以定亲疏，决嫌疑，别同异，明是非也。"① 这进一步强调了敬意表现在中国文化中的重要性，它并非仅仅基于等级关系，而是更多地强调人与人之间的亲密关系。它表达对他人的尊重与表达对自己的谦卑，这两者在中国文化中往往是密不可分的。然而，敬意表现的使用也并非毫无限制。在同一篇《礼记》中，"礼尚往来"一词也为我们揭示了敬意表现的另一面。"往而不来，非礼也；来而不往，

---

① 所谓礼，其实是明确表达如亲疏、是非、同意与否、郑重与否等区别和差异的现象。

亦非礼也。"① 这句话告诉我们，敬意表现并非单向的，而是一种相互的行为。对方如果没有使用敬意表现，那么即便我们对他们使用了敬意表现，也不能称之为真正的敬意表现。这一规定实际上限制了敬意表现的使用范围，使它在社交场合中更加精确和审慎。在现代社会，当我们实际运用敬意表现时，我们会综合考虑多种因素，来选择最为恰当的敬意方式。这些因素主要包括对方或被讨论者的年龄、资历、社会地位以及文化程度等。通常，我们普遍认为，在说话人和听话人之间的关系较为疏远的情况下，或者当听话人及话题中涉及的人物拥有明确的社会地位和利益关系时，敬意表现的使用会显得尤为重要。

上述理论尽管在一定程度上为我们提供了敬意表现的指导原则，但其正确性仍然需要通过深入的现状调查来进一步证实。毕竟，对当代社会中的中文使用者来说，敬意表现在人际关系中具体是如何发挥作用的，仍然是一个相对模糊的问题。我们需要更多的实证研究，来揭示敬意表现在现代社会中的实际运用情况，以便我们更好地理解其内涵，并在日常交往中更加准确地运用。此外，我们还应注意到，随着社会的发展和变化，敬意表现的方式和内涵可能也会有所改变。

如第三章所述，中文中的敬意表现作为一种独特的社交礼仪，从古代流传至今，经过千百年的沉淀与发展，仍然在现代中文中占据一席之地，这一点已是不争的事实。然而，敬意表现尽管在中文中屡见不鲜，但以往对这一现象的研究大多停留在对个别敬意表现的证实上，缺乏对其整体、系统的梳理与描述。因此，如何在一个清晰、适当的框架中，

---

① 礼即礼，它本质上是一个双向的过程，涉及施与报、去与来。换言之，当我们表达礼节，而对方没有相应的回应时，或者对方展现了礼节，而我们置若罔闻时，这都不能称之为真正的礼。礼，它要求的是双方的互动与回应，缺失了任何一方，都会使礼失去其原有的意义。

系统地捕捉和描述这些敬意表现，来揭示其内在规律和深层含义，这便成了一项至关重要且极具挑战性的任务。为了更全面地探讨中文敬意表现的性质，接下来的第二节和第三节将从语用学和语义学两个维度展开深入剖析。在语用学方面，我们将重点研究敬意表现产生所需的语用条件，即敬意表现在何种情况下会被使用，以及这些使用条件如何影响敬意表现的选择和效果。同时，我们还将关注敬意表现在实际交际中的功能与作用，如它如何调节人际关系、促进有效沟通等。在语义学方面，我们将探讨敬意表现在语义学中的作用，即它如何通过特定的语言形式来表达对他人的尊重和敬意。此外，我们还将分析单个敬意表现之间的联系，揭示它们之间的共性与差异，以及这些联系如何共同构成中文敬意表现的丰富内涵。通过这两节的深入研究，我们期望能够更全面、深入地理解中文敬意表现的本质与特点，为中文社交礼仪的研究提供新的视角和思路。同时，这也有助于我们更好地运用敬意表现，提升人际交往的效果和质量。

二、语用学中中文敬意表现的特点

（一）本章当中涉及的知识点

在语言学领域，保罗·格莱斯（Paul Grice）提出的协调原则一直被视为会话交流的重要基石。[①] 这一原则由四个关键子原则构成，为我们在会话时如何提供信息提供了明确指导。首先，数量准则要求我们传递适量的信息。这意味着在交流中，我们要确保所传达的信息既不过于冗长也不过于简略，而是要恰到好处地满足会话的需求。过多或过少的

---

① GRICE H P. Logic and Conversation［M］//COLE P，MORGAN J L. Syntax and Semantics：Speech Acts. New York：Academic Press，1975：41-58.

信息都可能导致交流产生误解或困扰，因此我们需要仔细权衡，确保信息数量适中。其次，质量准则强调我们在会话中不说谎话或不说没有事实根据的信息。这一原则体现了会话的诚信和真实性。在交流中，我们要保持诚实和客观，避免传播虚假信息或误导他人。只有真实可靠的信息才能建立起有效的沟通，促进双方的理解和合作。再次，相关性准则要求我们在会话中传递与主题相关的信息。这意味着我们在交流时要紧密围绕会话的主题和目的，避免偏离主题或提供无关的信息。只有谈论与主题紧密相关的内容才能确保交流的连贯性和有效性，使双方能够聚焦核心问题，达成共识。最后，方式原则强调我们要以清晰、简明和有序的方式进行交流。这一原则要求我们在表达时要条理清晰、语言简洁，避免使用复杂或模糊的措辞。通过清晰明了的表达，我们可以确保对方能够准确理解我们的意图，避免产生误解或歧义。

　　格莱斯的协调原则为我们提供了会话交流的重要指导，但在实际交流中，人们有时会偏离这些原则，采用间接的方式来表达自己的想法。这背后的原因多种多样，其中之一便是礼貌原则的影响。与协调原则相辅相成的是利奇（Geoffrey Leech）提出的礼貌原则①。这一原则基于"成本效益"②的概念，主张在交流中通过让对方付出最小的成本获得最大的利益，而自己则以最大的过程获得最小的利益。通过这种方式，我们可以在保持礼貌的同时，最小化无礼表现，最大化礼貌表达。利奇进一步细化了礼貌原则，提出了6条具体准则：得体准则、慷慨准则、赞誉准则、谦逊准则、一致准则和同情准则。这些准则为我们如何在会话中表达礼貌提供了具体的指导。然而，值得注意的是，这些原则虽然

---

① LEECH G N. Principles of Pragmatics［M］. London：Routledge，1983.
② 这里指的是对话中出现的人所付出的成本（费用）和收益（效果）。

具有普遍性，但由于文化背景的差异，它们在不同语言和文化中可能有所不同。因此，在实际应用中，我们需要根据具体情况进行灵活调整，来确保交流的顺利进行。在中文方面，顾曰国的研究为我们揭示了中文表达尊重的独特原则。这些原则体现了中文文化对尊重的深刻理解和独特表达方式。

顾曰国在研究现代中文敬意表现时，强调了需要从内容和表达方式两个维度来判断语言表达礼貌的重要性。他认为，在探讨中文的礼貌表达时，必须深入剖析语言背后的文化内涵和社会规范。在中文中，礼貌不仅仅是一种表面的客套，还是一种深层次的文化体现。顾曰国特别指出，中文中最核心的原则是"贬己尊人原则"。这一原则要求我们在提及自己或与自己相关的事情时，要降低自己的地位，显示出对对方的尊重和敬意。这种表达方式体现了中文文化中谦逊和尊重他人的价值观。在践行"贬己尊人原则"时，我们首先要以谦卑的态度来表达自己，避免过于自大和傲慢。同时，我们还要站在对方的立场上，设身处地地考虑对方的感受和需求，以更加贴切和尊重的方式表达自己。值得注意的是，中文中的谦敬动词与其他语言中的谦敬动词存在显著的差异。这种差异使我们不能简单地将中文中的谦敬动词视为一种普遍的语言现象。因此，在研究中文敬意表现时，我们必须解决谦词和敬词的定义以及如何识别的问题。这需要我们深入挖掘中文的文化内涵和社会背景，理解这些词语在特定语境中的含义和用法。

（二）敬意表现的指示性结构

彭国跃对近代中文敬意表现的独特见解，特别是其非指示性的特性，为我们理解中文中的敬意表达提供了全新的视角。他具体提出的两个特点，为我们深入剖析近代中文的敬意表现提供了有力的依据。首先，彭国跃指出，近代中文可以通过多种不同形式的表达来实现相同的区分地位功能。这一特点凸显了敬意表现的功能并不依赖特定的语言形式。换句话说，无论是使用何种词汇或句式，其只要能够传达出对对方的尊敬和敬意，就可以达到区分地位的目的。这种灵活性使中文在表达敬意时更加丰富多彩，避免了形式上的单调和僵化。其次，彭国跃强调，"尊、贵、高、上、大、贤、卑、贱、敝、下、小、愚、贫"等敬意表现具有各自独特的语义概念。这些词汇在脱离敬意表现的使用语境后，仍然可以按照其原有的语义进行使用。这一特点说明，中文的敬意表现并不依赖特定的词汇或表达方式，而是可以根据具体语境灵活选择。这种灵活性使中文在表达敬意时更加自然和贴切，避免了生搬硬套和机械模仿。近代中文的敬意表现与其他语言不同之处在于其具有价值评价体系的特征。对经历了剧烈变化的现代中文是否还保有这一特征，以及现代中文的敬意表现又具有什么样的特征等问题，我们还需要根据彭国跃的研究方法，对现代中文中的敬意表现属性进行深入考察，搞清楚近代中文与现代中文在敬意表现方面存在的差异。

在开始深入探讨本书的主题之前，我们有必要对文中涉及的一些关键术语进行明确的解释和界定。首先是"语用学"这一术语。在此文中，我们特别将其界定为"社会语用学"。这一概念源自泷浦真人[①]的研究，它聚焦人们在社交场合中的语言行为，探讨人们如何通过语言来构建、维持以及转变彼此之间的关系。简言之，社会语用学关心的是人们在不同社交背景中如何使用语言，以及这些语言使用背后的社会人际关系考量。在社会语用学的框架下，我们重点关注的是语言在复杂的社会关系语境中的使用情况，以及这些语言使用所传达的深层意义。这里

---

① 加藤茂弘，泷浦真人．语用学研究方法指南［M］．日本：羊书房，2016：77．

的"语境"不仅仅指物理环境或场景，还包括参与者之间的社会角色、地位、关系等因素。这些因素共同影响了语言的选择和使用，使同样的语言在不同的语境中可能产生截然不同的效果和意义。

接下来，我们根据彭国跃的定义，对"指示性结构"和"社会性指示结构"这两个术语进行界定。指示性结构，顾名思义，是指那些能够将语境条件在语言结构中得以体现或语法化的现象。简单来说，它是指语言如何通过各种形式来反映或表达其所处的特定语境。这些形式可以是词汇选择、句式结构、语调变化等，它们共同构成了语言对语境的符号化或语法化表达。社会性指示结构则更侧重语言如何表达会话参与者之间的社会关系。它关注的是语言中那些能够揭示会话者身份、地位、亲疏关系等社会属性的成分或结构。这些结构通过语言的特定形式，如称呼、礼貌用语、敬意表现等，来展示会话者之间的社会关系，从而帮助会话者更好地理解彼此的社会角色和期望，进而更有效地进行沟通交流。

我们前面已经讨论过现代中文敬意表现的一个显著特点，即存在多种不同的表达方式来实现相同的敬意处理功能。然而，随着语言的发展和时代的变迁，这一特点在现代中文中逐渐淡化，甚至在某些情况下已经消失。以提到人名这一常见的语言表达方式为例，我们过去除了使用"尊姓"这一常见的敬称，还可以使用"高姓""大名"等多种其他语言表达方式。然而，在现代中文中，"高姓"和"大名"这两种表达方式的使用已经逐渐消失。

以"高姓"为例，在北京大学现代中文语料库中，我们虽然可以找到 52 个相关的词条，但它们的含义已经发生了显著的变化。它们主要的含义有以下三种。

(1) 姓氏为"高";

(2) 指代你的名字;

(3) 指代地位等级高的人①。

这三种含义涵盖了不同的使用情境,但它们的共同点在于,这些用法与过去的敬意表达功能相比已经有所偏离。

另外,"贵姓"一词尽管在现代中文中仍然被广泛使用,但其使用场合也发生了变化。在北京大学现代中文语料库中,"贵姓"一词的使用频率最高,但大部分出现在武侠小说②中。这些小说中的语言风格与现代中文有所不同,因此不能完全代表现代中文的实际使用情况。在报纸和新闻报道中,我们仍然可以看到"高姓"一词的使用,但大多数情况下都是指"高"姓,其作为敬称的地位区分功能已经逐渐消失。值得注意的是,现代中文中仍然保留了"尊姓"这一表达方式。与"贵姓"相比,"尊姓"往往与"大名"一起使用,构成"尊姓大名"的固定搭配。这种表达方式不仅包含了对方的"姓",还涵盖了"名",因此在表达敬意时更加全面。这与日语中的"お名前"一词在结构和含义上都较为接近,体现了对对方姓名的尊重和重视。

此外,在调查"尊姓大名"一词时,该语料库中还有如下例句:

1. 犯罪分子的尊姓大名、单位、职务一应俱全,所犯罪事实一应俱全,查处结果一应俱全。

2. 幸亏她没敢署上尊姓大名,否则她所在的商店的经理说不定要炒她鱿鱼。

---

① 根据印度的身份制度——种姓制度,一个人的等级由其姓氏决定,终生不得更改,因此拥有高等级姓氏的人,地位高于拥有低等级姓氏的人。

② 武侠小说多由现代汉语写成,即使对古代汉语知之甚少,也不难理解其中的文字。然而,现实生活中按照武侠小说使用的情形是非常少见的。

　　通过深入分析上述两个具体例句，我们不难发现，现代中文的敬意表现非仅限于"尊重"和"正式"等礼节性的常规用法上。实际上，它还能够产生"疏远"和"反讽"等多种复杂而微妙的表达效果，这与日语中的敬意表现所展现的多样性和复杂性有着异曲同工之妙。这充分证明了现代中文敬意表现的实用功能并不是停留在表面的礼貌和尊重上，而是更深层次通过拉开对象的心理和社会距离来实现，这其中涉及人际关系在内的多种语境因素发挥着至关重要的作用。除此之外，笔者还想通过一个具体的例子来进一步说明中文敬意表现的指示性结构，那就是敬意表现"来临"和"光临"的使用。在古代中文中，双音节词"光临"并非"来"的敬称形式，这一点值得我们注意。尽管"光"的本义是"照耀"，最初并没有表示"光荣"的含义，但随着时间的推移，双音节词"光临"逐渐演变成了可以表示"光荣"的意思。这种变化凸显了中文词语的本义与作为敬意表现的意义之间的差异。因此，我们不能简单地脱离敬意表现的使用语境来确定这些敬意表现词汇的具体意义。上述分析进一步揭示了中文敬意表现的深层含义，它不仅能够通过表达说话人和听话人之间的人际关系来体现社会性知识结构，还具备指示性，并有系统化的潜力。然而，与日语的敬意表现相比，中文的敬意表现是否具有明显的标记性，目前还难以给出一个明确的答案。这也是我们在下一节将深入探讨的问题，以期对中文敬意表现的标记性有一个更加清晰和全面的认识。

（三）敬意表现的标记性

　　莱昂斯①在其著作中深入探讨了语言标记性，提出了三种关于语言标记性的主要观点。首先，他指出了形态的标记性，这一观点强调的是

---

　　①　LYONS J. Semantics：Volume 2 ［M］. London：Cambridge University Press，1977.

在对立双方中，其中一方拥有另一方所不具备的形态符号。这种形态上的显著差异，使我们能够明确区分两个对立项，从而更加准确地理解和运用语言。其次，莱昂斯提出了分布的标记性。他认为，无标记项是在不同类型和语境中出现最为广泛的项目。这些无标记项在语言表达中具有普遍性，能够适应多种语境的变化，因此使用频率较高。相反，有标记项则可能在特定的语境中才出现，其使用范围相对有限。此外，莱昂斯还提到了意义的标记性。他认为，无标记词项是那些即使在其通常的对立面被中和的语境中也会被使用的词项。这些词项在意义上具有普遍性和稳定性，不受对立面变化的影响，因此在使用上更加灵活和广泛。基于上述观点，泷浦真人对日语中的敬意表现进行了深入的研究。他发现，日语中的敬意表现是有标记的，而非敬意表现则是无标记的。这意味着在日语中，敬意表现的使用具有明确的形态、分布和意义特征，能够清晰地表达出对对方的尊重和敬意，也表示这是一种忌讳和回避型人际关系。相比之下，非敬意表现则缺乏这些特征，因此在表达亲近的人际关系时并没有具体的标记。

相反，在中文中，通过施晖①和张群②的深入研究发现，在涉及上下级关系的情境中，对上级的言语表达往往展现出强烈的正式性和形式化特点。这种表达形式不仅体现了下级对上级的尊重，还透露出一种忌讳和回避型人际关系的特征。这种特征使人们在上下级交流时，会刻意避免使用可能引发误解或冲突的言辞，从而保持一种安全、谨慎的沟通距离。然而，在无距离的亲密关系中，中文的表达方式则呈现出截然不

---

① 施晖. 中日两国问候语言行为的比较研究：以家庭内部问候为中心 [J]. 中日对照语言学研究论文集，2007：121-148.

② 张群. 道歉表现的中日对照研究：从礼貌的角度出发 [J]. 日语教育学世界大会2008 论文集，2008.

同的特点。人们往往采用玩笑式的话语，表现出一种非典型的亲密表达和营造轻松愉快的交流氛围。这种表达方式不仅拉近了彼此的心理距离，还增强了双方之间的情感。施晖和张群的研究虽然主要聚焦问候和道歉行为中的敬意表现使用，但并未涉及更广泛的日常语言表达。为了进一步了解中文中敬意表现的使用习惯，笔者于 2017 年进行了一次调查，并对受访者进行了相关统计。结果显示，在上下级关系不明确的情况下，有 62% 的受访者会有意识地使用敬意表现表达，而 66% 的受访者则意识到在必要时会尽量使用敬意表现。这一数据表明，当上下级关系不够清晰时，中文使用者往往会产生一种心理距离感，从而主动采用忌讳和回避型的表达方式来确保沟通的稳妥性。关于本次调查，笔者将在后文详细叙述。

综上所述，我们可以得出结论：在中文的敬意表现中，忌讳和回避型人际关系是有明确标记的，而亲密关系则相对缺乏明确的标记。这一特点使中文的敬意表现在形式上呈现出一种有标记的状态。中文敬意表现系统化所面临的问题，如直接宾语性和标记性，已经得到了解决，但敬词和谦词的界限仍然是一个模糊的问题。为了使敬意表现系统化，我们必须按照一定的标准对敬意表现进行分类。在下一节中，我将从语义的角度出发，深入分析敬词和谦词之间的界限，以期为解决这一问题提供有益的启示。

三、语义学中中文敬意表现的特点

南不二男和林四郎[①]对敬意表现的意义分析提出了两种重要的方法，这些方法为我们深入理解敬意表现提供了有力的工具。

---

① 南不二男，林四郎. 敬语的体系 [M]. 日本：明治书院，1974.

首先，他们提到了分析敬意表现各要素之间的意义关系，这种关系被称为聚合关系。这种方法的核心在于对敬意表现的各个要素进行细致的分类。敬意表现作为一个复杂的语言现象，包含了多种要素，如地位高低、能力强弱、距离远近等。这些要素在意义上各有侧重、相互关联，构成了敬意表现的整体结构。通过分析这些要素之间的意义关系，我们可以更好地理解敬意表现的构成原理，从而更准确地把握其含义。其次，南不二男和林四郎还提到了分析某一语言表达中某些敬意表现要素与共存的语言符号之间的关系，这种关系被称为横组合关系。这种方法主要关注敬意表现在具体语境中的使用。敬意表现并非孤立存在的，而是与其他语言符号共同构成了一个完整的语言表达。通过分析敬意表现要素与这些共存的语言符号之间的关系，我们可以推断出敬意表现的使用场合和对话者的身份。例如，在某些正式场合，人们可能会使用更多的敬意表现来表达对对方的尊重，而在亲密的私人场合，敬意表现的使用则可能相对较少。通过研究这两种关系，我们可以更全面地理解敬意表现的含义。聚合关系帮助我们了解敬意表现的构成要素和整体结构，而横组合关系则揭示了敬意表现在具体语境中的使用方式和意义。这两种方法相互补充，共同构成了敬意表现意义分析的基础。

（一）敬意表现的聚合关系

迄今为止，对敬意表现的理解，人们往往将其视为一个单一而固定的概念。普遍的认识是，谦辞主要用来指代自己或与自身相关的人或事物，它表达的是一种自我贬低或谦逊的态度；敬辞则是用于指代他人或与他人相关的人或事物，它体现的是对他人的尊重与敬仰。当需要避免直接表达时，人们会选择使用间接表达的词汇，这就是我们所说的婉辞，它在沟通中起到了缓冲和调和的作用。然而，这种看似清晰的分类实际上在实践中往往显得模糊。尤其是在具体运用谦辞和敬辞时，人们很容易在这两者之间产生混淆。一方面，某些词汇在不同的语境中可能既具有谦辞的特性，又具有敬辞的意味，这使我们很难明确界定其归属；另一方面，由于文化和习惯的不同，人们对谦辞和敬辞的理解也可能存在差异，进一步增加了它们的模糊性。

　　日语作为一种富有礼仪和敬意的语言，在敬意表现上也存在类似的问题。值得注意的是，日语语言学中有一种独特的思维方式——"聚合关系"概念，能够帮助我们解决这些问题。这种思维方式认为，敬意表现并非一个孤立而简单的概念，而是由多个较小的语义成分共同构成的复合体。换句话说，敬意表现中的每一个要素或含义都可以被拆分成更小的组成部分，这些组成部分共同构成了敬意表现的整体意义。通过这种思维方式，我们可以对敬意表现的意义结构进行深入的分析，从而更加清晰地理解谦辞和敬辞之间的异同。此外，这种分析方式还有助于我们了解所分析的表达式在敬意表现中是如何被分类和运用的。通过这种方法，我们不仅可以更加准确地把握敬意表现的运用规则，还可以更好地理解不同文化背景下的敬意表达方式，从而在交流中更加得体地表达我们的敬意和尊重。

　　为了更好地说明日语敬意表现中的意义构造，南不二男和林四郎假设了若干意义的构成要素，具体设定如表4-1所示。

表4-1　意义的构成要素的定义及符号

项目	符号	意义
内容	I	交流的内容

续表

项目	符号	意义
参加者	Ar	说话人
	Ae	听话人
	R（Ra、Rp）	相关者（动作主体、动作承受主体）
状况	S	某个交流中除涉及前述参加者以外的所有情况
照顾方向	→	说话人照顾的对象及照顾的方向 例如：Ar→S
关系	−	照顾上述参加者之间的关系时所用的符号 例如：Ar→Ar−Ae
使用的对象	IR（IRa、IRp）	素材性内容（动作主体、动作承受主体本身、动作·状态·行为方式、其他属于动作主体或动作承受主体的事项）
	IAr	表现性内容（关于说话人表达方式的态度）

表4-1对日语敬意表现中所涵盖的各个表述要素及其使用特点的详细剖析，我们可以通过以下的表格进行清晰直观的呈现。

表4-2 日语敬意表现使用特征中+、−、±所表示的含义

	+	−	±
抬高地位/降低地位/中立	抬高地位	降低地位	中立
强势/弱势/中立	强势	弱势	中立
靠近/远离/中立	靠近	远离	中立
正式/玩笑/中立	正式	玩笑	中立
委托/承担/中立	委托	承担	中立
美/丑/中立	美	丑	中立
敬畏/轻蔑/中立	敬畏	轻蔑	中立

续表

	+	-	±
犹豫/迅速/中立	犹豫	迅速	中立

根据以上表格，我们可以得到如图 4-1 所示的矩阵图。该矩阵图是在南不二男的理论基础上对日语敬意表现进行分析后得到的。

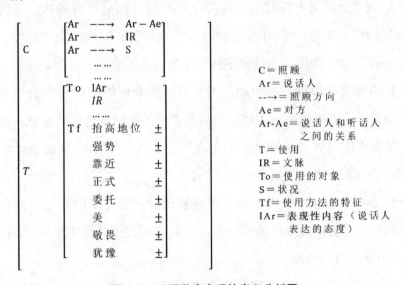

C=照顾
Ar=说话人
--→=照顾方向
Ae=对方
Ar-Ae=说话人和听话人
　　　　之间的关系
T=使用
IR=文脉
To=使用的对象
S=状况
Tf=使用方法的特征
IAr=表现性内容（说话人
　　　表达的态度）

图 4-1　日语敬意表现的意义分析图

该矩阵专为剖析日语中的敬意表现所设计，故其应用范畴并不完全覆盖现代中文的敬意表达形式。鉴于此，我们有必要依据洪成玉先生的理论，对现有的特征表和矩阵图进行相应的调整与完善，具体的修改措施如下所述。

1. 中文在表达上，对自己和亲近的人与对他人或不亲近的人有着显著的差异。一般而言，前者倾向采用更为口语化、非正式的表述，而后者则更偏向正式的表达方式。因此，原矩阵中的"靠近/远离/中立"

这一维度应调整为"疏远/亲密/中立",可以更准确地反映中文中的这一表达特点。

2. "强势/弱势/中立"这一维度与本书所探讨的敬意表现概念关联并不紧密。它原本是为了处理广义上的敬意表现而设置的,但在本书的语境中,这一维度并不适用,因此应予以删除。

3. 在中文的历史长河中,确实存在过对神和皇帝的敬称,即所谓"绝对敬语"。然而,随着时间的推移,"绝对敬语"现已完全消失,因此"敬畏"这一维度在当前的矩阵图中显得并不合适,应予以移除。

4. 在中文中,词汇的使用范围与其敬意表现的运用有着密切的关联。通常,词汇的使用范围越广,敬意表现的使用就越少。因此,我们在矩阵图中应增加"特殊/常用/中立"这一维度,来更全面地反映中文词汇的敬意表现使用情况。

5. 在中文表达中,当强调主语或宾语时,所使用的表达方式会有所不同。为了更准确地反映这一特点,我们应在矩阵图中增加"对方/己方/中立"这一维度。

6. 中文以其丰富的委婉表达方式而著称。这些表达方式通过直接或间接地描述事物,体现了语言的礼貌性。因此,我们应在矩阵图中增加"间接/直接/中立"这一维度,来展现中文委婉表达在敬意表现运用中的重要作用。

因此,修改后的中文敬意表现使用特征如表 4-3 所示。

表 4-3　中文敬意表现使用特征中+、−、±所表示的含义

	+	−	±
抬高地位/降低地位/中立	抬高地位	降低地位	中立
疏远/亲密/中立	疏远	亲密	中立

续表

	+	−	±
正式/玩笑/中立	正式	玩笑	中立
委托/承担/中立	委托	承担	中立
美/丑/中立	美	丑	中立
特殊/常用/中立	特殊	常用	中立
对方/己方/中立	对方	己方	中立
间接/直接/中立	间接	直接	中立

经过上述修改，各个项目已更加贴近现代中文的使用习惯。为了验证我们之前关于中文敬意表现的论述，我们接下来将进行实例分析。首先，我们来看这样一个例句："校长屈临寒舍。"基于前述的表格内容，我们可以为"屈临"一词绘制出详细的意义构造分析图（图 4-2）。为便于直观对比，我们还附上了先前文献中已确认为敬词的"光临"一词的意义构造分析图（图 4-3）。

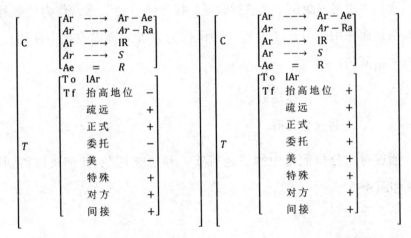

图 4-2　"屈临"的意义构造　　　　图 4-3　"光临"的意义构造

图4-2和图4-3乍一看好像区别较大，但是通过仔细分析，我们可以得知，在考虑的对象层面，无论是"屈临"还是"光临"，它们均聚焦于语言主体与对方的关系、与行为主体（此处对方与行为主体均为"校长"）的关系，以及行为主体的行为和处境上。然而，两词的核心差异在于表达策略与内涵。"屈临"一词通过运用"降低地位"的特征，意在凸显己方对行为主体"校长"好意的珍视与承担。这种表达策略选择了一个看似"不完美"或"丑"的表述方式，来突出对校长来访的感激与尊重。相对而言，"光临"则侧重抬高对方的地位，特指行为主体"校长"。它强调了我们对"校长"来访的期待与珍视，并凸显"委托"校长前来访问的郑重情境。为此，它选用了更为"美好"或"优雅"的表达方式。从使用特点上来看，"屈临"与"光临"在提升对象地位方面的作用截然相反。"屈临"在表面上尽管呈现出一种谦虚的表达，但从语义学的角度分析，它依然承载着敬意的内涵，应被视为敬词的一种。

我们再用另一组例子来进行验证。接头词"老"常常作为"敬辞"的接头词而使用，但是"老朽"一词作为老人的谦虚表现而使用。这里有一组例句：

    1. 老爷爷身体还好。

    2. 老朽身体还好。

通过对比分析例句中的"老爷爷"和"老朽"，我们可以得到图4-4和图4-5。

```
    ⎡   ⎡ Ar  ---→  Ar - Ae ⎤      ⎤        ⎡   ⎡ Ar  ---→  Ar - Ae ⎤      ⎤
    ⎢ C ⎢ Ar  ---→  IR       ⎥      ⎥        ⎢   ⎢ Ar  ---→  Ar       ⎥      ⎥
    ⎢   ⎢ Ar  ---→  S        ⎥      ⎥        ⎢ C ⎢ Ar  ---→  IR       ⎥      ⎥
    ⎢   ⎣ Ae   =    R        ⎦      ⎥        ⎢   ⎢ Ar  ---→  S        ⎥      ⎥
    ⎢                               ⎥        ⎢   ⎣ Ae   ≠    R        ⎦      ⎥
    ⎢   ⎡ To  IAr            ⎤      ⎥        ⎢                               ⎥
    ⎢   ⎢ Tf  抬高地位   +    ⎥      ⎥        ⎢   ⎡ To  IAr            ⎤      ⎥
    ⎢   ⎢     疏远      +    ⎥      ⎥        ⎢   ⎢ Tf  抬高地位   −    ⎥      ⎥
    ⎢ T ⎢     正式      +    ⎥      ⎥        ⎢   ⎢     疏远      +    ⎥      ⎥
    ⎢   ⎢     委托      ±    ⎥      ⎥        ⎢   ⎢     正式      +    ⎥      ⎥
    ⎢   ⎢     美        +    ⎥      ⎥        ⎢ T ⎢     委托      ±    ⎥      ⎥
    ⎢   ⎢     特殊      −    ⎥      ⎥        ⎢   ⎢     美        −    ⎥      ⎥
    ⎢   ⎢     对方      +    ⎥      ⎥        ⎢   ⎢     特殊      +    ⎥      ⎥
    ⎣   ⎣     间接      +    ⎦      ⎦        ⎢   ⎢     对方      −    ⎥      ⎥
                                            ⎣   ⎣     间接      +    ⎦      ⎦
```

图 4-4　"老爷爷"的意义构造　　　　　图 4-5　"老朽"的意义构造

　　从上面两图的对比中，我们不难发现，当我们使用"老爷爷"这一称呼时，实际上是在着重考虑与对方的关系，将对方置于对话的中心位置，作为当事人来对待。对"老爷爷"，我们意在抬高对方的地位，将对方视为尊贵的一方。因此，"老爷爷"虽然是一种常见的表达方式，但其中蕴含了敬辞的元素。在"老朽"这个词中，我们则更多地在审视自己，以自我为中心，对方不是这个称呼的主要对象。同时，"老朽"体现了说话者降低自我地位的意愿，将自己视为相对卑微的一方。这种表达方式虽然较为特殊，但同样蕴含了谦辞的成分，体现了说话者的谦逊态度。

　　我们如果能够以语义成分为出发点，深入分析这些称呼背后所蕴含的考虑方向和表达内容，那么我们就能迅速辨别出某个语句是表达敬意还是谦逊的。这种意义构造的分析方法，不仅在日语中对敬意表现的解析十分有效，而且能在中文中找到广泛的应用。

(二) 敬意表现的横组合关系

在语言学领域,横组合关系扮演着举足轻重的角色,这一关系亦被称作句段关系或线性关系。它描述的是一串语符如何在一根链条上铺陈开来,这些语符前后相接、紧密相连,受包括词序、句法和语义规则在内的各种语言规则的制约。通过这些规则的引导,语符们得以有序地组合在一起,形成一个个可以接受的、富有意义的句子或话语。简言之,横组合关系可被视为语言元素在言语链条上的同时排列,它们如同音符在五线谱上的排列一般,共同编织出语言的旋律和节奏。

这种组合方式在日语中表现得尤为复杂。以南不二男和林四郎的著作为例,他们通过对松江市 24 小时敬意表现使用情况的调查资料进行深入分析,发现即使在轻慢表现中,敬辞的要素依然悄然存在。① 这意味着在日语中,敬意表现要素与句子的关系需要从多个角度进行细致的审视。相较之下,中文中的谦辞、敬辞和婉辞则呈现出不同的特点。谦辞主要用于说话人表达自己的动作行为,以及涉及己方的人、事、物;敬辞则侧重表达听话人或话题中涉及的人物的动作行为,以及属于对方的人、事、物;婉辞则是一种针对难以直言的事情,通过委婉的表达方式进行叙述的修辞手法。在中文中,使用者只需判断敬意表现的词性归属,便能够快速区分和运用敬意表现。在这一过程中,横组合关系对判断敬意表现的属性起着至关重要的作用。然而,若不能迅速确定敬意表现的词性归属,人们便极易产生误解。以"百忙"这个词为例,它在《现代汉语词典》中的解释是"泛指忙碌的状态",并未明确指出其敬辞或谦辞的属性。在实际使用中,"百忙"多出现在"百忙之中"或"百忙中"等语境中。从语义结构来看,"百忙"反映了语言主体在考

---

① 南不二男,林四郎. 敬语的研究方法 [M]. 日本:明治书院,1974.

虑到对方、事情或情况时所采取的态度，具有提升、修饰、美化和尊重的特点。因此，我们可以认为"百忙"是一种敬辞表达。由于其敬辞属性，这个词通常用于对他人表示敬意，若用于描述自己，则会被视为误用。

在本章中，我们首先对中文敬意表现所蕴含的人际关系进行了深入的梳理。敬意表现作为中文中的一种重要语言现象，不仅体现了中华民族深厚的礼仪传统，还反映了人们在交际过程中对不同人际关系的尊重和重视。在梳理过程中，我们重点关注了敬意表现如何准确、恰当地表达说话人与听话人之间的亲疏关系、地位差异以及利益联系，从而揭示敬意表现在维系人际关系方面的独特作用。接下来，我们探讨了在现代社会实际使用敬意表现时需要考虑的因素。在实际交际中，人们选择合适的敬意表现往往需要考虑对方或被讨论者的年龄、资历、社会地位和文化水平等因素。这些因素共同决定了敬意表现使用的具体形式和程度。例如，在面对年长、资历深厚或社会地位较高的人时，我们通常会使用更为恭敬、郑重的敬意表现，而在与年龄相仿、地位相近的人交流时，敬意表现的使用则可能相对随意、轻松。一般来说，敬意表现通常在说话人和听话人之间关系疏远，或者听话人或话题人物的社会地位明显较高，且与该人有利益关系时使用。这种使用情境反映了敬意表现在平衡人际关系、维护社会秩序方面的重要作用。通过使用敬意表现，我们可以表达对他人的尊重、敬意和感激之情，从而增进彼此之间的了解和信任。

在此基础上，我们从语用学和语义学两个维度对中文敬意表现进行了深入的分析。语用学方面，我们探讨了敬意表现在交际过程中的实际运用情况，包括其使用的场合、频率和效果等；语义学方面，我们则分析了敬意表现的词汇意义、句法功能和语境关联等。通过对这两个方面的分析，我们更加全面地理解了中文敬意表现的内涵和外延。此外，我们还对中文敬意表现是否具有直接指示性和是否具有标记性进行了系统的梳理。通过研究发现，现代中文敬意表现不仅具有指示性，能够明确指出交际双方的身份、地位和关系，还具有标记性，能够通过特定的语言形式来凸显敬意表现的特殊功能和作用。这种指示性和标记性的存在使中文敬意表现在交际中更加易于识别和运用。最后，本章还对敬意表现的范式和句法关系进行了详细的分析。通过对比不同敬意表现的句式结构和语法功能，我们厘清了"敬"与"谦"之间的界限。敬意表现主要用来表达对他人的尊重和敬意，而谦语则侧重表达说话人自己的谦逊和自贬。这种界限的明确有助于我们更加准确地理解和使用中文敬意表现。下一章，我们将对中文使用者实际使用敬意表现的情况进行调查，了解他们对敬意表现的认识和实际使用情况。

第五章

中文敬意表现的使用意识及使用
情况的调查

一、调查目的

敬意表现无疑是语言的一大独特属性，它深刻地反映了人类社会的交往规则和人与人之间的微妙关系。在各种语言中，无论是否具备显性的、正式的尊重表达形式，它们都具备着向他人表达礼貌和敬意的方式。这种表达并非简单的礼貌用语堆砌，而是蕴含着深厚的文化内涵和社会背景。在现代社会中，表达尊重的重要性越发凸显。其主要目的在于维系和谐的人际关系，确保各种交流场合的顺畅进行。通过语言，人们能够清晰地表达等级关系，展现自己的个性与立场，同时又不失对他人的尊重。这种尊重并非单向的，而是相互的，它构成了社会交往的基石。然而，当提及现代中文时，不少人往往会对其中的敬意表现持有质疑态度。他们认为中文中的敬意表现相对薄弱，甚至认为中文中缺乏敬意表现。这种观点显然是片面的，因为任何一种成熟的语言都不可能完全缺乏敬意表现。实际上，中文中的敬意表现虽然不像某些语言那样显性，但有其独特的方式和内涵。

在语言学领域，敬意表现通常被划分为两种模式。第一种是具有明确描述系统的敬意表现，这类语言在表达敬意时有清晰的规则和体系，如日语和韩语。① 在这两种语言中，人们可以通过特定的词汇、句型和语气来明确地表达对他人的尊重。第二种模式则是具有明确的尊重要素和尊重表达原则的尊重表达，英语便是其中的代表。在英语中，虽然没有像日语和韩语那样严格的敬意表达系统，但人们仍然可以通过词汇选择、语气调整等方式来体现对他人的尊重。无论是哪种模式，敬意表现都是语言不可或缺的一部分。它不仅能够促进人与人之间的和谐交往，还能够反映一个社会的文明程度和人们的道德水准。

日本的敬意表现体系历史悠久且深邃，其发展历程可明显地划分为两个重要的时期。在明治时代（1868—1912 年）之前，敬意表现被称为"绝对敬语"，这一时期的敬意表现使用更多，是基于一种社会习惯和传统规范，其形式和用法相对固定，主要用以表达对他人的尊重与敬意。然而，到了明治时代之后，随着日本社会的现代化进程的推进，语言学家们开始深入研究敬意表现的原则和分类，力求在理论上为其构建一个更加严谨和系统的框架。经过长时间的探讨和研究，到了现代，敬意表现逐渐演变为"相对敬语"②。这一时期的敬意表现使用更加灵活多变，它更多的是根据具体情境和对话双方的关系来决定使用何种敬意表现形式，来达到更加精准和恰当的敬意表达。因此，日本对敬意表现的描述已经不再是单纯的习惯和传统，而是变得系统化、科学化。日本文部科学省发布的《敬语的指针》便是这一研究成果的集中体现。该

---

① 虽然近年来，也有许多通过礼貌理论的观点讨论敬意表现的研究案例，但是对日语敬意表现的基本认识仍然是通过定型文构成的语言表达。

② 关于绝对敬语和相对敬语有多种理论。泷浦真人指出，从说话人的角度来看，对所有需要尊重的人（上级）使用的语言都被视为地位区分表达系统的对象的语言，被称为"绝对敬语"；而根据听话人和人物之间的人际关系而使用或不使用敬意表现系统被称为"相对敬语"。

指针将敬意表现细分为五种类型：尊敬语、谦让语 I、谦让语 II、礼貌语和美化语。每一种类型都有其特定的使用场景和表达效果，共同构成了日本敬意表现体系的丰富内涵。其中，尊敬语主要用于表达对他人或事物的尊敬和敬意；谦让语 I 和谦让语 II 则更多的是说话者通过降低自己的身份来表达对他人的尊重和敬意；礼貌语则侧重表达一种礼貌和客气，来维持良好的人际关系；美化语则更多的是为了美化语言，增加表达的艺术性和感染力。这五种类型的敬意表现形式相互补充，共同构成了日本敬意表现体系的完整框架。它们不仅在日常生活中发挥着重要的作用，还是日本文化和社会交往中的重要组成部分。

相比之下，英语确实不像日语那样具备一套系统且细致的敬意表达方式。日语中的敬意表现体系复杂且严谨，每种敬意表达方式都对应着特定的场合和对象，这使它在表达敬意和尊重时能够非常精准和到位。然而，英语虽然缺乏这样的系统性，但语言学的发展和研究为我们提供了可能，使我们能够系统地描述英语的尊敬表达方式。在语言学领域，学者们对英语尊敬表达方式的研究逐渐深入。学者们开始从多个角度探讨英语中的敬意表现，尤其是在会话行为中的体现。他们发现，尽管英语没有像日语那样的敬意表现系统，但在日常会话中，人们仍然可以通过多种方式来表达对他人的尊重。随后，一些学者提出了"礼貌理论"，试图从实用主义的角度来解释尊重表达和会话之间的关系认知。他们认为，会话中的尊重表达并非孤立存在的，而是与会话的整体结构和功能密切相关。根据这一理论，尊重表达可以被分为积极礼貌和消极礼貌两种类型。积极礼貌主要关注的是对他人的尊重和认可，通过肯定对方、表达赞同等方式来展现；消极礼貌则更多地体现在避免冒犯和冲突方面，通过委婉的表达、避免直接否定对方等方式来维护和谐的会话氛围。此外，研究者们还发现，说话者在会话中使用的礼貌策略往往能够将尊重表达与一般语言表达区分开来。这些策略包括使用委婉的措辞、避免直接冲突、寻求共同点等，它们都是说话者为了表达尊重而采取的有意识的语言行为。

中文中，许多语言学家都以古中文为研究对象，对中文中的敬意表现进行了研究。作为中文中表达敬意和尊重的一种方式，敬意表现承载着我国深厚的历史文化内涵，体现了中华民族礼仪之邦的精神。然而，随着时间的推移，人们研究的重点逐渐发生了转移。现在，学者们更多地关注整理古中文中的敬意表现形式，试图从古代文献中挖掘出那些已经渐渐淡出人们视线的敬意表现形式。一些研究者虽然已经对敬意表现的原则进行了深入的研究，但如何将这些原则与现代中文的实际使用相结合，构建出一个既符合传统精神又适应现代社会环境的敬意表现描述系统，仍然是一个悬而未决的问题。正因为缺乏这样一个明确的系统，中文使用者在运用敬意表现时往往会出现偏差。他们可能会误解敬意表现的真正含义，或者在不适当的场合使用敬意表现，导致原本想要表达的敬意和尊重被扭曲或淡化。这种误用和滥用的情况在日常生活中屡见不鲜，给人们的交流带来了一定的困扰。因此，我们需要在深入研究古中文敬意表现的基础上，结合现代中文的实际使用情况，努力构建一个更加完善、更加实用的敬意表现描述系统。只有这样，我们才能更好地传承和发扬中华民族的礼仪文化，让敬意表现在现代社会中发挥更大的作用。

敬意表现的主要目的，在于推动对话场合中人与人之间的顺畅交流和自我表达。然而，在实际交流中，对话参与者之间的受教育程度、职业背景或知识水平可能存在差异，往往容易产生误解，进而阻碍交流的有效进行。这种误解的根源，往往在于对敬意表现使用规则和含义的理解不足。以"屈就"一词为例，它原本是下级对上级使用的敬称，字面意思是"屈尊就职"，表示对上级的尊重和敬意。然而，对方如果不了解这一敬辞的使用背景和含义，就可能会误解为是一种羞辱或贬低对方的表达，从而导致交流出现障碍。为了解决这些问题，我们深入研究中文中敬意表现的描述系统显得尤为重要。这不仅能够帮助我们更好地理解敬意表现的使用规则和含义，还能够为中文使用者提供更加明确和准确的指导，避免在交流中因误解而产生不必要的冲突。

本章的第一个目的，便是深入调查中文使用者对敬意表现的认识和使用的实际情况。我们通过问卷调查、访谈等方式，收集大量一手数据，分析中文使用者在日常交流中对敬意表现的使用习惯和偏好，以及他们对敬意表现含义的理解程度。同时，本章的第二个目的，是为中文中敬意表现的分类以及今后敬意表现描述系统和规范的建立做出贡献。通过对现有敬意表现进行梳理和分类，我们构建一个更加完整和系统的敬意表现体系，为今后的研究和实践提供有力的支持。同时，我们还将探索如何建立一套适用于现代社会的敬意表现描述系统和规范，来促进人际关系的和谐与顺畅交流。

需要说明的是，本书所涉及的中文使用者，均是在中国境内长大、在日常会话中主要使用中文的人。其中，有部分人因工作或其他原因搬迁至海外，但他们在成长过程中均在中国接受教育，直至大学毕业。这样的背景保证了他们对中文及其文化有着深厚的理解和认识，使本书更具代表性和参考价值。

二、使用实际情况的调查

（一）例句描述

在本次调查问卷的编写过程中，我们精心从洪成玉的《谦词敬词婉词词典（增补版）》中挑选了现代语言生活中仍广泛使用的敬辞、谦辞和婉辞，每个类别都选定了五个，以此为基础编写了一系列的例句。之所以选择这些词汇，是因为它们能够准确、恰当地表达人们在日常交往中的敬意、谦逊和委婉，具有很高的代表性和实用性。在编写例句时，我们充分考虑了受试者的判断可能受到的影响因素。为此，我们力求简洁明了，每个例句的主语、谓语和宾语部分都尽量使用最少的字数，避免冗余和复杂的表达。同时，为了确保例句的准确性和有效性，我们严格遵循每个例句只使用一个敬意表现的原则，避免混淆和误导。这些例句都是原创的，因此无法与现有书籍中的例句进行直接比对，也无法通过语料库进行验证。然而，我们坚信这些例句的有效性。在编写过程中，我们广泛征求了作者、中文系教师以及日语专业教师的意见和建议，经过反复修改和完善，最终确定了这些例句的内容和形式。

当然，我们也意识到这种方法可能存在一些局限性。例如，不同的教育背景和方言可能会对受试者的答案产生一定的影响。然而，在目前的情况下，这是我们能够采用的最为可行的方法。因此，我们深知可能存在一些潜在问题，但在没有其他更好选择的情况下，我们仍然将这些例句作为调查的主要内容。

（二）调查概要

问卷调查的实施日期为 2016 年 9 月 8 日至 9 月 28 日，共计三周时间。在这段时间，我们针对中文使用者进行了广泛的调查，他们无论居住在国内还是国外，都成了我们调查的对象。这一设计旨在尽可能全面地了解不同背景和环境下中文使用者对相关话题的态度和看法。在调查形式方面，我们采用了免费在线统计软件——问卷星来制作问卷。问卷星作为一款专业的在线调查工具，为我们提供了便捷、高效的数据收集和分析服务。受试者可以通过微信或直接在网页上回答问题，这种灵活的方式使受试者能够随时随地参与调查，大大提高了调查的参与度和覆盖率。至于调查内容，我们将在下一节详细介绍。为了确保调查的准确性和有效性，我们对问卷问题进行了精心设计和筛选，力求涵盖各个方面，使调查结果更加全面和客观。在本次调查中，共有 1270 名中文使用者参与了问卷填写。这一庞大的样本量使我们的调查结果更具有代表性和说服力。我们衷心感谢每一位参与调查的受试者，他们的支持和配合为我们的研究提供了宝贵的数据支持。

三、问卷内容①

（一）内容概要

1. 受试者个人情况

您的年龄：_____岁　　您的性别：男□女□

您的籍贯：_____

您的职业：服务业□　　学生□　　企业行政职员□

　　　　　　企业一般职员□　　教师□　　军人□

　　　　　　国家机关工作人员□　　顾问和咨询□

　　　　　　专业人士□

您的教育背景：小学□　　中学（职高）□

---

① 完整问卷见附录 1。

　　　　　　　本科（专科）□　　　硕士及以上□

2. 问题案例

一、请选择你对下列观点的认同度，并在数字上画圈。

1. 现代中文中有表达尊敬、谦虚或委婉的字词句。

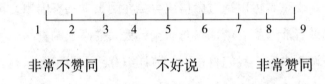

　　　非常不赞同　　　　　不好说　　　　　非常赞同

　　　　　　　　　　　　　　　　　　　　　　　（下略）

二、请选择下面场景中你使用敬语的倾向度。

1. 在职场/学校面对上级/师长的时候。

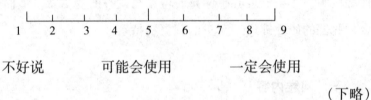

　　　不好说　　　　可能会使用　　　　一定会使用

　　　　　　　　　　　　　　　　　　　　　　　（下略）

三、请判断下列表达所属，并选择合适的一项。

1. 希望你今天过得愉快。

敬辞□　　　　　谦辞□　　　　　礼辞□

　　　　　　　　　　　　　　　　　　　　　　　（下略）

（二）调查问卷内容说明

1. 个人情况调查

　　本次调查的主要目标在于深入探究不同年龄、职业和教育背景的中文使用者对敬意表现的态度和使用情况。我们希望通过这一调查，能够更全面地了解不同群体在日常生活和工作中对敬意表现的使用习惯，进而为敬意表现的研究和实际应用提供有价值的参考。在制表过程中，我们采用了多个类别对调查数据进行分类和整理。首先，在年龄方面，我们根据受访者的年龄分布，将其划分为五个不同的类别：24 岁及以下、25~30 岁、31~40 岁、41~50 岁和 51~60 岁。值得注意的是，由于 24 岁及以下的群体主要以学生为主，他们的生活和社交环境相对单一，因此我们将其单独作为一个框架进行分析。而对 60 岁以上的群体，由于他们大多数已经退休，对敬意表现的使用频率相对较低，我们因此并未纳入本次研究的范围。这样，我们便能更准确地聚焦在 60 岁以下、仍活跃在工作和社交场合的受访者身上。其次，在职业方面，我们根据受访者的职业特性，将其分为七类：学生、服务人员、普通工人、行政人员、教师、顾问/咨询人员以及专业人员。这样的分类有助于我们了解不同职业群体在日常工作中对敬意表现的使用需求和习惯，进而分析敬意表现在不同职业领域的应用特点。最后，在教育背景方面，我们将受访者分为四类：小学、中学（包括高中）、大学（包括职业学校）和研究生及以上。这一分类旨在探究教育水平对敬意表现使用态度和技能的影响，从而揭示教育因素在敬意表现传播和应用中的重要作用。

2. 敬意表现的使用意识及使用习惯的调查（主体）

在本次问卷调查中，我们深入探讨了受试者使用敬意表现的态度和习惯。问卷的设计涵盖了多个维度，旨在全面揭示中文使用者对敬意表现的实际应用情况。问卷的主体部分主要包括两大类问题：倾向性问题和选择性问题。其中，倾向性问题共有 16 个，这些问题旨在揭示受试者对敬意表现使用的意识和习惯。具体来说，这 16 个问题中有 8 个专注于调查受试者对敬意表现使用的认识，如他们是否意识到敬意表现的存在、使用敬意表现的目的何在、敬意表现适用的范围及场合等。另外 8 个问题则聚焦于受试者在不同情境下使用敬意表现的习惯和情况上，我们精心设计了涵盖工作和生活两大领域的8个情境，来探究受试者在不同情境下对敬意表现使用的倾向和选择。关于敬意表现的态度的问题设计得尤为细致，不仅询问了受试者是否认为敬意表现是必要的，还进一步探讨了他们使用敬意的目的、范围、场合，以及他们对敬意表现的关注程度。此外，我们还深入探讨了敬意表现中谦虚和尊重的相互关系，以及受试者在选择敬意表现时对其适当性的关注程度。这些问题旨在全面揭示受试者对敬意的深层次理解和应用。在选择性问题部分，我们提供了15个具体的例句，要求受试者根据自己对敬意表现的理解，判断每个例句中的词语是属于"敬辞""谦辞"还是"礼辞"。这种题型的设计有助于我们了解受试者对敬意表现分类的理解和应用能力。值得一提的是，传统的中文敬意表现分类包括敬辞、谦辞和委婉语，但考虑到本次调查的重点和范围，我们特别将"委婉语"改为了"礼辞"，来更全面地考察受试者对敬意表现的认知。为了避免对统计结果产生干扰，我们在问卷中随机排列了"敬辞""谦辞"和"礼辞"问题的出现顺序。同时，为了确保受试者能够准确理解这三个概念，我们在问卷开头对它们进行了详细的定义和解释。

四、结果分析

（一）受试者分布情况

本次调查共有1278人参加，其中有效问卷1270份，为了更好地展示各属性的分布情况，我们特别绘制了图5-1至图5-6。在这些图中，我们可以清晰地看到各年龄段、职业和教育背景的人数占比，以及它们之间的相对关系。

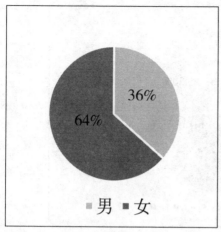

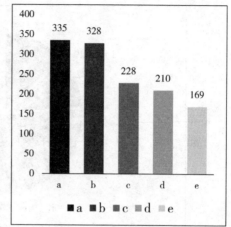

图 5-1　性别分布情况

图 5-2　年龄分布情况
（**a. 24 岁及以下；b. 25~30 岁；**
c. 31~40 岁；d. 41~50 岁；e. 51~60 岁）

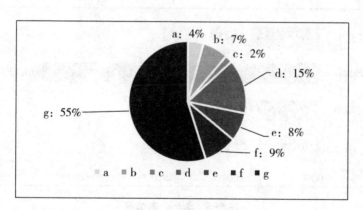

图 5-3　地域分布情况
（**a. 东北 b. 华北 c. 西北 d. 华东 e. 华中 f. 华南 g. 西南**）

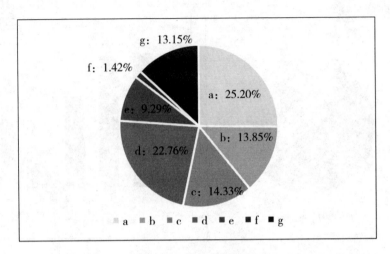

图 5-4   职业分布情况
a. 学生 b. 服务业 c. 企业一般岗位 d. 企业行政岗位 e. 教师
f. 咨询岗位 g. 职业技术工人

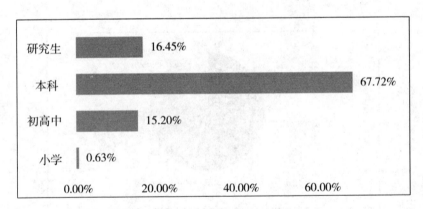

图 5-5   学历分布情况

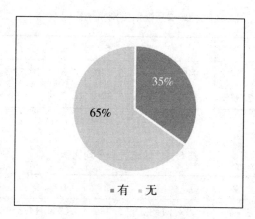

图 5-6 有无日语学习经历

（二）统计结果概要

在此，我们为每个项目设定了相应程度的百分比和人数，用 α 值来表示。接着，我们计算了每个属性所对应的敬意表现意识程度的 α 值之和，并求出了其平均值（精确到小数点后两位）。最终，我们将这些平均值整理成表格的形式，以便更清晰地展示和分析各个属性在敬意表现意识方面的具体情况。

表 5-1 年龄类别平均比例

α平均值 项目 年龄	1	2	3	4	5	6	7	8	9
24 岁及以下	4.49%	2.69%	1.50%	2.40%	5.39%	11.08%	11.68%	9.27%	51.50%
25~30 岁	5.52%	1.84%	0.92%	1.84%	3.99%	12.27%	8.90%	12.88%	51.84%
31~40 岁	6.17%	2.64%	2.20%	1.76%	7.49%	13.22%	9.69%	11.45%	45.38%
41~50 岁	9.05%	4.29%	1.43%	1.90%	3.33%	22.38%	7.14%	12.86%	37.62%
51~60 岁	5.24%	2.38%	0.95%	5.95%	5.24%	21.43%	15.47%	4.29%	39.05%

表5-2　性别类别平均比例

α平均值	1	2	3	4	5	6	7	8	9
男	8.64%	2.38%	1.94%	2.38%	5.40%	14.69%	10.37%	10.57%	43.63%
女	4.58%	2.97%	1.12%	1.61%	5.34%	16.23%	9.91%	10.90%	47.34%

表5-3　地域类别平均比例

α平均值	1	2	3	4	5	6	7	8	9
东北地区	3.64%	3.64%	0.00%	1.82%	5.45%	9.09%	14.55%	9.09%	52.72%
华北地区	5.62%	2.25%	0.00%	1.12%	6.74%	16.85%	14.49%	11.24%	41.69%
西北地区	3.85%	0.00%	0.00%	3.85%	7.69%	7.69%	15.38%	15.38%	46.16%
华东地区	5.91%	1.08%	2.15%	1.61%	5.00%	9.68%	15.59%	8.44%	50.54%
华中地区	5.10%	3.06%	1.02%	2.04%	4.08%	22.45%	5.10%	12.25%	44.90%
华南地区	6.03%	2.59%	2.59%	1.72%	8.62%	18.91%	9.48%	9.48%	40.58%
西南地区	6.57%	3.29%	1.43%	2.00%	4.86%	16.29%	9.71%	11.00%	44.85%

表5-4　职业/α值平均

α平均值	1	2	3	4	5	6	7	8	9
学生	3.44%	3.13%	0.94%	2.81%	5.00%	10.00%	12.19%	10.61%	51.88%
服务业	6.82%	1.70%	2.84%	2.84%	10.23%	20.45%	10.80%	6.82%	37.50%
一般岗位	5.49%	3.30%	1.65%	2.20%	2.75%	21.98%	10.99%	12.64%	39.00%
行政岗位	8.30%	2.08%	0.35%	0.35%	4.84%	17.30%	8.65%	13.15%	44.98%
教师	7.63%	2.54%	1.69%	0.85%	5.08%	12.71%	8.47%	8.49%	52.54%
咨询	5.56%	5.56%	5.56%	5.56%	5.56%	5.56%	22.20%	11.11%	33.33%
职业技术	5.99%	3.59%	1.80%	1.80%	3.59%	14.96%	6.59%	10.18%	51.50%

表 5-5　学历/α 值平均

α 平均值	1	2	3	4	5	6	7	8	9
小学	25.00%	0.00%	12.50%	0.00%	25.00%	0.00%	12.50%	0.00%	25.00%
初高中	5.18%	6.22%	3.63%	4.66%	8.81%	25.91%	11.40%	7.77%	26.42%
本科	6.51%	2.09%	1.16%	1.51%	4.42%	14.31%	9.19%	10.93%	49.88%
研究生	4.31%	2.39%	0.48%	0.96%	4.31%	13.40%	12.92%	12.43%	48.80%

表 5-6　日语学习经历/α 值平均

α 平均值	1	2	3	4	5	6	7	8	9
有	6.19%	0.88%	1.18%	2.09%	5.60%	9.73%	10.91%	10.91%	52.51%
无	6.88%	2.78%	1.90%	2.34%	4.98%	20.06%	8.79%	10.69%	41.58%

（三）调查结果分析

1. 个人信息与敬意表现意识的程度相关性

总体而言，高达 66.69% 的受访中文使用者明确知道敬意表现的存在，这一比例占据了所有受访者的三分之二，充分显示了敬意表现在现代中文中的普遍认知度。这一数据无疑说明了敬意表现观念在中文使用者中深入人心，人们普遍认识到敬意表现作为一种特殊的语言表达方式，在日常交流和社交场合中的重要性。进一步地，超过三分之二的受访者不仅在认知上认同敬意表现的存在，还在行动上表现出对敬意表现的积极态度。他们普遍同意"使用敬意表现有助于改善人际关系"和"日常生活中需要使用敬意表现"等观点，这表明他们在实践中也倾向运用敬意表现来提升自己的社交效果。这一结果反映了人们对尊重他人表达方式的深刻认识。在现代社会，对话不仅是信息交流的工具，还是建立人际关系、维护社会和谐的重要手段。敬意表现作为一种表达尊重和礼貌的方式，在对话中起到了至关重要的作用。人们通过运用敬意表现，能够展现出自己的修养和素质，从而赢得他人的尊重和信任。同时，这也体现了人们对尊重他人的表达方式规范化的愿望。在日益重视个人素养和社会和谐的今天，人们更加倾向通过语言来传递正能量和善意。敬意表现作为一种规范化的表达方式，不仅能够提升个人的社交能力，还能够推动社会的文明进步。

Kubota R① 的研究中提到，女性在语言学习方面通常比男性得到更多来自父母和老师的鼓励和支持。这种正面的反馈和激励使女性对语言学习的兴趣和热情相对较高，进而在语言使用的各个方面表现出更加敏感和细腻的特质。因此，她们在交流过程中更倾向采用交际性的语言策略，来更好地表达自己的想法和情感。权立宏② 的研究也进一步印证了性别差异对语言使用的影响。他针对赞美词的使用和回答进行了性别差异的研究，发现女性在使用表示敬意的语言策略时明显多于男性。这种差异不仅体现在赞美性词语的使用上，还反映在一般交流中的敬意表现。本书的问卷调查结果与前人的研究结论相吻合。从性别角度来看，女性对敬意表现意识的平均认知水平相较于男性高出了4%，尽管这一差距看似微小，却足以反映女性对中文中敬意表现的认识更加普遍和深入。这一现象可能源于男女在社会地位、角色分工以及语言使用习惯等方面的差异。数据显示，与男性相比，女性不仅在特定情境下更倾向使用赞美性词语，而且在日常交流中也表现出对敬意表现有更高的关注度。她们可能更加注重语言的礼貌性和得体性，来维护良好的人际关系

---

① KUBOTA R. New Approaches to Gender, Class, and Race in Second Language Writing [J]. Journal of Second Language Writing, 2003, 12 (1): 31-47.
② 权立宏. 汉语中男女在称赞语和称赞语回应使用上的差异分析 [J]. 现代外语, 2004 (1): 62-69.

和沟通氛围。

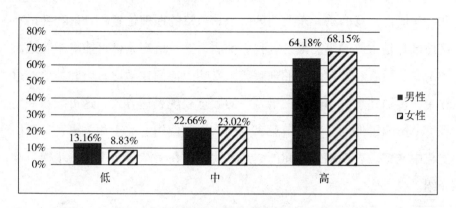

图5-7 男女类别比例

从各地区的百分比分布情况来看，东北、西北和华东地区对敬意表现存在意识的受访者占比均超过了70%，显示出这三个地区在敬意表现认知方面具有较高的普遍性和认同感。紧随其后的是华北和西南地区，其比例也超过了65%，说明这些地区的受访者同样对敬意表现的存在和重要性有着较为清晰的认识。相比之下，华中和华南地区的比例约为60%，虽然略低于前述地区，但也显示出这些地区对敬意表现的认识程度并不低。值得注意的是，由于样本容量相对较小，且几乎没有关于青海和宁夏的数据，这在一定程度上影响了西北地区的整体数据表现。尽管如此，西北地区在敬意表现认知方面的高比例仍然具有一定的参考价值，可能反映了该地区特有的文化和社会背景对敬意表现使用的影响。进一步观察发现，敬意表现认知水平的地区差异似乎与经济发展程度存在一定的关联。随着经济的发展，人们在日常交流中对使用礼貌用语策略的要求也随之提高。在竞争激烈的社会环境中，紧张关系需要得到缓和，敬意表现作为一种有效的沟通工具，能够帮助人们建立和保持顺畅的关系。这一观点与布朗和列文森的研究结果不谋而合，他们指出，在注重个体权益和尊重的社会中，敬意表现的使用显得尤为重要。此外，值得注意的是，东北地区由于其独特的地理位置，日语和韩语在该地区都是主要的第二语言。我们推测，这一地理条件可能对东北地区的中文使用者对敬意表现的理解产生影响。他们在学习日语和韩语的过程中，接触并掌握了这两种语言中的敬意表现表达方式，这可能在一定程度上影响了他们对中文敬意表现的认识和使用。关于相关语言学习历史与中文敬意表现感知之间的关系，我们将在后续章节中进一步探讨和介绍。

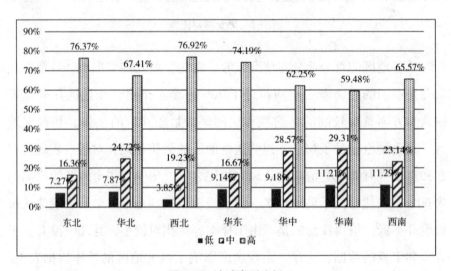

图 5-8　地域类别比例

关于教育背景对敬意表现意识的影响，从图 5-9 中我们可以清晰地看到，随着教育程度的提升，受访者对敬意表现的认知度呈现出明显的上升趋势。具体来说，那些具有小学、初中或高中及以下教育背景的受访者，他们对敬意表现的认知度普遍不足 50%，这意味着他们可能在日常交流中对敬意表现的使用并不太重视或者不太了解。相比之下，拥有大学或研究生教育背景的受访者则展现出截然不同的态度。他们对敬意表现的认知度普遍超过 70%，这反映他们更加深入地理解了敬意表现的重要性，并在实际生活中更积极地运用敬意表现。这种差异并非偶然，它背后隐藏着深刻的逻辑关系。不同的教育背景意味着人们有更多机会接触和了解不同的文化，这些文化之间的交流和碰撞往往会改变人们的交流方式和策略。因此，随着受教育程度的提高，人们接触的文化元素也越发丰富，这使他们在与他人交流时更加注重礼貌和尊重，从而提高了敬意表现的认知度。为了进一步验证这一观点，我们还调查了受试者的日语学习经历。结果显示，在那些对敬意表现意识较强的被调查者中，有日语学习经历者的敬意表现认知度比例明显高于无日语学习经历者。这充分说明，随着与其他文化接触的增多，中文使用者对敬意表现的需求也越来越强烈。他们通过学习和借鉴其他文化中表达敬意的方式，不断提升自己的敬意表现水平，来适应日益多元化的社会交流环境。

最后，从职业分布的角度来看，教育行业受访者的敬意表现意识显得尤为突出。其中，学生的敬意表现意识位居首位，而教师则紧随其后。这种现象可以归因于汉族文化地区深受儒家思想中"尊师重教"观念的影响。儒家思想强调尊师重道，提倡学生对教师的尊重与敬仰，而教师则以身作则，向学生传递敬意之道。因此，在教育行业中，无论是学生还是教师，他们都表现出较高的敬意表现意识。紧随教育行业之后的是职业技术人员、企业行政职员以及顾问/咨询师等职业，这些职业的受访者中，敬意表现意识的比例高达 60% 以上。这一现象的出现，与现代社会的社会分工日益细化、人们与职业技术人员接触机会增多的趋势密切相关。在与职业技术人员交流时，双方往往是为了解决某些具

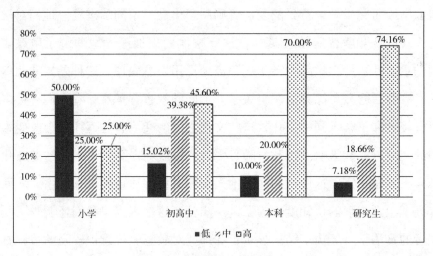

图 5-9　学历分类平均值

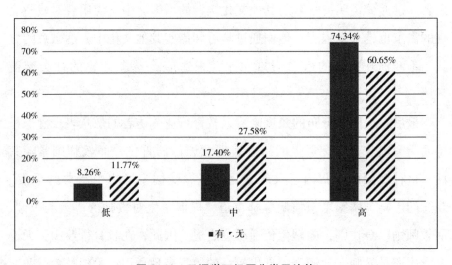

图 5-10　日语学习经历分类平均值

体问题，因此沟通的顺畅与高效至关重要。从职业技术人员的角度来看，良好的沟通是提供优质服务的重要组成部分，而客户的口碑与他们的服务表现紧密相连。因此，他们必须谨言慎行，以免因言语不当而损害自己的声誉，导致客户流失。然而，在统计数据中，我们也发现了一些有趣的现象。与客户接触最为频繁的服务行业，在尊重他人的表达方式的认识和使用意愿方面，却远低于其他行业。这背后可能有多重原因。首先，中国人口众多，服务行业员工需要服务的顾客数量庞大。为了在有限的时间内尽可能多地服务顾客，简明扼要、通俗易懂的沟通方式成了首选。因此，这类人群可能不太愿意使用过多的敬意表现，对敬意表现的使用意识也相对较弱。此外，服务行业的工作节奏快、压力大，员工可能更侧重解决问题和满足客户需求，而忽视了在沟通过程中展现尊重和敬意。同时，部分服务行业员工可能认为，过于烦琐的敬意表现反而会让客户觉得不自然或疏远，因此更倾向采用更加直接和实用的沟通方式。然而，这并不意味着服务行业员工就不需要关注敬意表现。相反，在提供服务的过程中，适当的敬意表现不仅能够增加客户的信任感和满意度，还有助于提升企业的形象和竞争力。因此，服务行业员工同样需要提升敬意表现意识，掌握恰当的敬意表达方式，来更好地满足客户需求并提升服务质量。

2. 对敬意表现的意识与使用敬意表现意愿之间的相关性

关于尊重他人的表达方式的认识，我们本次调查进行了深入且全面的探讨，共设置了8个问题来全方位地了解受访者的看法和态度。这些问题不仅涵盖了敬意表现的有无、使用目的，还涉及了适用范围和使用场景等多个方面。通过对这些问题的分析，我们得到了各项目之间的相关程度，这一结果在下表中得到了清晰的展示。

表 5-7 针对敬意表现意识的相关性

	有无	使用目的	适用范围	使用场景	使用意愿	注意程度	相互关系	恰当性
有无	1							
使用目的	0.722	1						
适用范围	0.638	0.729	1					
使用场景	0.641	0.710	0.716	1				
使用意愿	0.649	0.678	0.671	0.741	1			
注意程度	0.424	0.478	0.497	0.526	0.572	1		
相互关系	0.406	0.506	0.509	0.524	0.487	0.511	1	
恰当性	0.655	0.637	0.618	0.657	0.635	0.472	0.466	1

　　从表 5-7 中可以看出，各项目之间的相关系数大多数在 0.6 以上，这一数据相当显著，充分说明了敬意表现的有无、使用目的、适用范围和使用场景之间的高度相关性。这意味着，当个体意识到敬意表现存在时，他们往往能够深刻理解敬意表现在促进人际关系中所起到的关键作用。这种深入的认识，使他们更加倾向在实际交往中运用敬意表现，来展现对他人的尊重与敬意。不仅如此，这些认识到敬意表现重要性的人，在使用的范围上也表现得更加广泛。他们不仅在商务活动、职场沟通等正式场合中运用敬意表现，来展示专业素养和礼貌，还在日常生活中也保持着使用敬意表现的习惯。无论是在与亲朋好友的聚会中，还是在与陌生人的短暂交流中，他们都能够恰当地运用敬意表现，营造出和谐融洽的氛围。这种趋势不仅体现了现代社会对尊重与礼貌的重视，还反映了人们在日常生活中对人际关系维护的关注和努力。通过运用敬意表现，人们能够更好地建立和维护与他人的关系，促进彼此之间的理解和信任，从而营造更加和谐、美好的社会环境。

　　然而，我们在调查中也发现了一些有趣的现象。敬意表现在人际交往中占据着重要地位，但人们对它的关注程度与其他项目的关联相对较小。换句话说，大家即使都清楚敬意表现的存在，这也不意味着每个人都会在交往中特别留意自己或对方是否使用了这些表达方式。这可能是因为敬意表现更多是一种潜在的社会规范，而非每个人时刻关注的对象。此外，调查还揭示了一个有趣的现象：谦虚与尊敬之间的相互关系并不像人们普遍认为的那样紧密。换句话说，一个人使用的语言越谦虚，并不意味着他对对方的敬意就一定越高。这可能是因为敬意表现并不仅仅体现在语言的谦虚程度上，还涉及语气、态度等多个方面。同时，这也反映了人们对敬意表现的理解存在差异，不同人对敬意的表达方式有不同的偏好和认知。值得注意的是，中国传统文化一直强调谦虚的品质，但在与西方文化的交流中，人们开始更加注重在不同场合选择适当的敬意表现形式。这既是一种文化融合的现象，也反映了人们在交流中敬意表现的灵活性和多样性。另外，调查还发现，在私人场合如介绍家庭成员时，敬意表现的使用频率相对较低。这可能是因为在亲密的私人关系中，人们更注重情感交流和真诚表达，而非过于拘泥于形式上的敬意表现。然而，在社交场合如庆祝和吊唁活动中，敬意表现总是被使用，即使是处于服务行业这样的工作环境中的人，在社交场合的敬意表现使用频率也超过了60%。这可能是因为在这些场合中，人们需要展现出对场合的尊重和对他人的敬意，来维护社交秩序与和谐的氛围。这进一步说明了敬意表现在中国社会中的重要性和普遍性。现代中国社会在一定程度上虽然受西方语言习惯的影响，但传统文化中的敬意表现依然得以保留和传承。这也反映了中国社会在语言使用上的多样性和包容性。

3. 关于敬意表现的使用

在本次关于敬意表现使用的调查中，我们特别引用了《谦词敬词婉词词典（增补版）》中的词语，针对每一种敬意表现都精心创造了例句，以期能更真实地反映受访者在实际语境中对敬意表现的理解和运用。经过仔细的数据统计和分析，我们发现礼辞类问题在受访者中获得了很高的正确率。具体来说，五个礼辞相关问题的平均正确率达到了66.21%，这一数据清晰地表明，礼辞作为敬意表达的一种方式，在中文使用者中具有较高的认知度和掌握程度。紧随其后的是谦辞，其五个问题的平均正确率为45.7%，它虽然相对于礼辞稍逊一筹，但依旧显示出了中文使用者对谦辞这种敬意表达方式的一定掌握。然而，在进一步分析数据时，我们发现了一个有趣的现象：在应该选择谦辞的题目中，有高达38%的受访者选择了礼辞，这一比例与选择谦辞的受访者几乎持平。这一结果揭示了一个不容忽视的问题，即受访者在区分礼辞和谦辞这两种表达尊重的方式时存在一定的困难。特别值得一提的是，谦辞例5中的"失陪"一词。它原本是一个典型的谦辞，但在现代社交会话中的使用频繁使它的尊敬程度逐渐降低。因此，许多受访者在面对这一词语时，更倾向将其视为礼辞而非谦辞。这一现象反映了敬意表现方式在社会变迁中的动态变化，也提醒我们在理解和运用敬意表现时，需要关注其背后的社会文化背景。排在第三位的是敬辞，其与谦辞之间的正确率差距并不显著，但其在敬意表达中的重要性不容忽视。数据显示，敬辞问题的回答正确率为44.54%，虽然选择敬辞的频率并不高，但相较于谦辞，敬辞的独特性使其更不容易被误认为是其他类型的敬意表达。值得注意的是，即使是对敬辞有一定了解的受访者，在某些问题上仍表现出理解上的不足。例如，在涉及"屈就"一词的问题中，许多受访者对其中的表敬要素产生了误解，将其当作了谦辞成分。事实上，"屈"字在这里虽然表面上看起来是贬低别人的，但实际上是一种表达敬意的方式。这是因为"屈就"一词在使用时，通常指的是自己降低了地位去迎合别人，从而相对提高了对方的地位。然而，由于受访者往往只关注词语的字面意思，而忽略了其背后的深层含义，他们因此在解释和使用该词时出现了偏差。

通过调查，我们不难发现虽然中文使用者对敬意表现有一定的掌握，但在实际运用中仍存在不少问题。尤其是在区分不同类型的敬意表达以及理解其深层含义方面，我们还需要进一步加强学习和实践。同时，我们也应该认识到，敬意表达作为一种社会规范和文化传统，其使用和理解都受特定社会文化背景的影响。

根据上述对中文使用者敬意表现情况的深入探究，我们可以得出以下四点重要发现。

第一，虽然在日常交流中，中文使用者对敬意表现的认知度普遍不高，但一个显著的趋势是，随着教育程度的提升，他们开始逐渐意识到并尝试使用敬意表现。这一趋势非常明确：教育程度越高，对敬意表现的认知度就越高，使用频率也相应增加。调查结果显示，大多数中文使用者至少知道"中文中存在敬意表现"这一基本事实，这是他们进一步理解和运用敬意表现的基础。

第二，敬意表现的使用与个人的年龄、教育程度、职业和性别等因素密切相关。那些在日常交流中更加频繁、更加注重沟通质量的人，往往更倾向寻求和使用尊重的表达方式。然而，当中文使用者同时与多人交流时，出于提高交流效率的考虑，他们可能会倾向避免使用敬意表现，从而导致在这种情境下敬意表现意识的平均值相对较低。

第三，值得注意的是，那些具有较高敬意表现意识的人，在实际社交对话中也更倾向使用敬意表现。这显示了他们对尊重他人和维护良好社交关系的重视。然而，有趣的是，他们自己在对话中积极使用敬意表现，似乎并不太在意他人是否也使用了敬意表现。这可能与深受儒家文化影响的中国人对"谦虚"的看重有关。在儒家文化中，谦虚是一种美德，人们因此更加关注自己是否表现出足够的敬意，而不太会关注对方是否也同样表现出敬意。

第四，从三种主要的敬意表现类型来看，中文使用者在使用时表现出明显的偏好。他们最倾向使用礼辞，这可能是因为礼辞在日常社交中更加常见且易于掌握。其次是谦辞，它虽然使用频率稍低，但依然是中文使用者表达敬意的重要手段。相比之下，敬辞的使用频率最低，这可能与敬辞在表达上更加正式和复杂有关。此外，对礼辞和谦辞，许多中文使用者似乎有一种将它们的作用等同起来的倾向，这可能导致在特定场合下使用不当。对敬辞，人们往往倾向从字面意思来理解，而不是深入挖掘其背后的具体词义和深层含义，这也可能导致敬意表达的误解和误用。

五、调查总结

调查的结果显示，受访者的性别、教育程度和职业背景各不相同，但他们都普遍认同中文中依然存在丰富的敬意表现。这一发现不仅凸显了敬意表现在中文中的重要地位，还展现了中文使用者对敬意表现的普遍认知和尊重。在敬意表现的具体使用上，调查还揭示了一个有趣的现象：中文使用者更倾向使用礼辞来表达敬意。礼辞因其特有的礼貌和尊重的意味，在人们的日常交流中扮演着不可或缺的角色。然而，礼辞并非一成不变，它的使用对象和场合不同，其含义和作用也会有所差异。

　　以"不好意思"这一常见的礼辞为例，它基本上被用作道歉的表达方式。当在不经意间冒犯了他人或造成了不便时，我们往往会用"不好意思"来表示歉意和诚恳。有趣的是，在表达感谢之情时，我们却可以采用反问句的形式，如"怎么好意思（+V）呢?"这种表达方式，虽然表面上看起来与"不好意思"相反，但实际上传达了相同的感谢之意，展现了对对方所做事情的深深感激。此外，"不好意思"还可以用于对事物的委婉说法，来减轻直接表达可能带来的尴尬或冲突。"怎么好意思（+V）呢?"则更多地用于表达对某人所做事情的感激之情，通过反问的形式强调自己的受惠和对方的付出。

　　为了更好地理解和运用这些敬意表现，我们需要在后续的研究中进一步深入探讨。我们下一章将聚焦日语敬意表现这一语言现象，通过对比分析，进一步澄清敬意表现子类别之间的界限，包括谦辞、敬辞和婉辞等。

第六章

日语敬意表现的概念

正如前文所详细阐述的那样，日语中的敬意表现无疑是日本语言生活中反映待人接物习惯以及价值取向不可或缺的组成部分。这种敬意表现，不仅仅是一种简单的语言形式，还是说话人向听话人或者出现在话题中的特定人物（如长辈、上级、地位崇高或能力出众的人、曾经给予自己恩惠的人等）表达深深敬意的一种方式。日本人在实际生活中使用的敬意表现，根据自己所处的立场、所面对的人际关系的不同，其种类也就不同。这些不同种类的敬意表现，利用自己不同的结构和特点，承担着不同的作用。我们为此需要构建与之对应的知识体系。大部分人，无论是日本人还是中国的日语学习者都会觉得敬意表现的使用非常困难，原因之一就是没有跳出语法视角而从一个更加宏观的角度去把握和理解敬意表现，仅单独记忆敬意表现的语法是非常容易出现偏误的。

在日语的语境中，敬意表现的应用极其普遍，渗透于日常生活的方方面面，无论是日常交流还是正式场合，人们都会根据对方的身份和地位，恰当地选择敬意表现的形式，来展示对对方的尊重。敬意表现的使用不仅体现了日本文化中的谦逊精神，还深刻地反映了日本社会对尊重他人的重视。这种价值观深深植根于日本人的心中，使敬意表现在日语中占据了举足轻重的地位。根据文部科学省所发布的《敬语的指针》，日语的敬意表现可以细分为尊敬语、谦让语 I、谦让语 II、礼貌语和美化语五种形式。每一种形式都有其特定的使用场合和表达方式，它们共同构成了日语敬意表现的丰富内涵。尊敬语主要用于表达对听话人或话题中人物的尊敬，通常通过特定的词汇或句型来实现。谦让语则分为两类，谦让语 I 主要用于说话人降低自身或自己一方的人或事物的姿态，来表示对对方的尊重；谦让语 II 则侧重表达说话人的谦逊态度。礼貌语则更多地体现在日常会话中，用于表达一般的礼貌和敬意。至于美化语，它则更多地被用于文学作品或正式场合，通过美化词汇来增添语言的优雅和庄重。

在本章中，我们将对这五种日语敬意表现的概念进行深入探讨，分析它们的用法和特点，并探讨影响敬意表现使用的因素。我们希望通过这样的研究，来帮助读者更好地理解日语中的敬意表现，从而在实际交流中能够更准确地运用敬意表现，来展示对对方尊重和谦逊的态度。

一、日语敬意表现的用法

（一）尊敬语的用法

"尊敬语"是日语敬意表现的特殊语言表达方式之一，它体现了对听话人或话题中涉及的第三方人物的深深敬意。这种表达方式在涉及听话人或话题人物的行为、事物、状态时，通过特定的语言形式来礼遇这些对象，体现了日本文化中对尊重他人的高度重视。在理解和运用尊敬语时，我们有三点需要特别注意。首先，尊敬语的表述对象并不是说话人自己，而是听话人或话题中出现的第三方。这一点非常关键，因为它决定了尊敬语的使用场合和对象。其次，尊敬语主要用于表述听话人或话题人物的行为、事物、状态。这种表述方式体现了对听话人或话题人物的尊重和敬意，使交流更加得体、礼貌。最后，尊敬语的最终目的是礼遇听话人或话题人物。通过使用尊敬语，说话人能够向听话人或话题人物表达自己的敬意和尊重，从而建立和谐的人际关系。

在实际运用中，尊敬语有多种表现形式。当需要表述听话人或话题人物相关的行为时，尊敬语可以是动词，如"いらっしゃる""おっしゃる""お使いになる"等，这些动词都带有明显的敬意色彩，能够恰当地表达出对听话人或话题人物行为的尊重。此外，尊敬语也可以是动作性名词，如"お導き""御説明"等，这些名词同样能够体现出对听话人或话题人物的尊重和礼遇。当需要表述与听话人或话题人物相关的事物时，尊敬语则表现为名词形式，如"お名前""ご住所""お手紙"等。这些名词通过特定的前缀或后缀来体现敬意，使对听话人或话题人物的事物的表述更加得体、庄重。最后，当需要表述听话人或话题人物的状态时，尊敬语则采用形容词形式，如"お忙しい""御立派"等。这些形容词能够恰当地描述听话人或话题人物的状态，同时表达出说话人对他们的尊重和敬意。

要想更好地运用尊敬语，我们首先需要深入理解以下几个核心概念，来确保在交流中准确、恰当地表达出对听话人或话题人物的敬意。

首先，使用尊敬语的核心在于，我们始终是在表述听话人或话题人物的动作、事物或状态等。这一点至关重要，它决定了我们何时何地应该使用尊敬语。举例来说，当我们说"先生は来週海外へいらっしゃる

んでしたね"时，我们是在表述话题人物"老师"即将进行的动作——去海外。这里使用了"行く"的尊敬语"いらっしゃる"，凸显了对老师的尊重。然而，在实际应用中，日语学习者往往容易混淆尊敬语与美化语，尤其是在表述听话人或话题人物的事物或状态时。例如，当使用"先生のお名前"或"先生はお忙しいようですね"时，我们需要仔细辨析，确保不将其与美化语混淆。实际上，"お+名词""お+形容词"等形式正是尊敬语的一种，它们用来礼遇那些拥有特定事物或处于某种状态的话题人物，如上述例子中的"教师"。

其次，使用尊敬语的初衷是出于一种顾及他人的心理，意在凸显对方的地位。无论是出于何种心理考虑，我们一旦决定使用尊敬语，就必须在语言层面上体现出对对方的尊重。这意味着我们需要根据场合和对象选择合适的尊敬语形式，来礼遇听话人或话题人物相关的人、事、物。这种礼遇不仅仅是一种表面的形式，还是对对方地位和尊严的认可和尊重。现在，我们来分析一下之前提到的例句"先生は来週海外へいらっしゃるんでしたね"。从这句话中，我们可以推测出三种可能的情形：一是说话者直接与"老师"进行交流；二是说话者与"老师"的家人交流时提及"老师"；三是与关系亲密的人交流时提到"老师"。在这三种情况中，受到礼遇的"老师"的角色和地位有所不同。在第一种情况中，"老师"既是听话人也是话题人物；在第二种情况中，"老师"是属于听话人领域的话题人物；在第三种情况中，"老师"则同时属于听话人领域和说话者领域的话题人物。由此可见，尊敬语是一种灵活而多变的表达方式，它根据交流情境的不同而有所变化，但始终旨在礼遇听话人或话题人物。

此外，我们还需要特别注意一个特殊的尊敬语"くださる"。它是"くれる（给）"的尊敬语形式，因此符合尊敬语的基本定义。它不仅用于表述听话人或话题人物的动作或状态，还用于礼遇那些实施这些动作或拥有这些状态的人。此外，"くださる"还具有表示授受关系的特殊功能，即表示听话人或话题人物的行为给予了说话者某种恩惠或利益。例如，在"先生が指導してくださる"或"先生がご指導くださる"这样的句子中，我们不仅可以理解为"老师给我指导"这样的直接含义，还可以体会到其中蕴含的言外之意——说话者从老师的指导中获益匪浅，对此心怀感激。这种隐含意义在中文中可能难以直接翻译出来，但对使用敬意表现的人来说，理解并体会这种言外之意是非常重要的。

（二）谦让语 I 的用法

"谦让语 I"也是日语敬意表现的特殊表达方式之一。这一概念，顾名思义，是指说话者或者说话者一方在描述听话人或话题人物的行为、事物等时，所采用的一种语言表达形式，来体现对对方的尊重和礼遇。与尊敬语一样，谦让语 I 在使用时也需要注意三个核心要点。首先，谦让语 I 主要表述的是说话者或者从属于说话者一方的动作。这一点至关重要，它明确了谦让语 I 的使用范围和使用对象。当我们用谦让语 I 来描述某个动作时，实际上，我们是在强调这个动作的发起者是说话者或者与说话者相关的一方，而不是听话人或话题人物。这种表述方式有助于在交流中凸显说话者的谦逊态度，从而实现对听话人或话题人物的尊重。其次，谦让语 I 表述的动作通常具有指向性，即这些动作往往指向听话人或话题人物。这种指向性使谦让语 I 在交流中具有更强的针对性和效果。通过谦让语 I 的运用，说话者能够以一种更加委婉、含蓄的方式表达对听话人或话题人物的关注和尊重，从而建立更加和谐的人际关系。最后，谦让语 I 的目的在于间接礼遇所指对象。这意味着，尽管谦让语 I 表面上是在描述说话者或说话者一方的行为，但其深层次的目的却是表达对听话人或话题人物的敬意和尊重。这种间接的表达方式既体现了说话者的谦逊和谨慎，又能够有效地传达出对对方的尊重和礼遇，从而实现有效的沟通。

在上述三个要点中，第一点——谦让语 I 表述的动作是说话者或者从属于说话者一方的动作——可以说是谦让语 I 定义和使用过程中的重中之重。以我们之前讨论过的场景为例，当说话者和自己的上司一同拜访另外一家公司的高层时，说话者如何恰当地使用敬意表现来描述上司的行为就成了一个关键问题。根据谦让语 I 的使用原则，上司的地位高于说话者，但在这种场合下，他们仍然属于说话者一方。因此，在提及上司的行为时，说话者应该使用谦让语 I 来表达，来体现对另外一家公司工作人员的尊重和礼遇。这种处理方式不仅符合敬意表现的使用规范，还有助于在商务场合中建立良好的人际关系。

为了更精准地掌握和运用谦让语 I，我们确实需要深入理解并关注以下几个方面。

1. 谦让语 I 的核心在于说话者通过描述自己或己方人的动作和事物，来体现对听话人或话题人物的尊重。这种表述方式不仅仅是一种语言技巧，还是一种社交礼仪和文化修养的体现。以"先生のところに伺いたいんですが（我想去拜访老师）"为例，这句话中动作"拜访"的发起者是说话者，而"老师"则是这个动作指向的对象。通过使用谦让语 I "伺う" 来替换普通的动词 "尋ねる"，不仅表达了说话者想去拜访 "老师" 的意愿，还在无形中提升了 "老师" 的地位，显示出对 "老师" 的尊敬。这种指向性正是谦让语 I 的一个重要特征，它使语言的表达更加细腻、得体。

2. 谦让语 I 的指向性在多个例句中得到了充分的体现。比如，"先生にお届けする" 和 "先生をご案内する" 这两句话，分别表示 "交给老师" 和 "给老师指路" 的动作。在这里，"届ける" 和 "案内する" 这两个动词虽然与中文中的对应词汇在语义上相似，但在日语的语境中，它们更多地体现了谦让语 I 的指向性特点。这种指向性使动作的接受者——老师——成了动作指向的焦点，从而凸显了对老师的尊重。此外，还有一些语句如 "先生の荷物を持つ" 和 "先生のために皿に料理を取る"，它们在中文中可能更多地被理解为表达授受关系的句子，但在日语中，这些表述却带有明显的指向性。例如，"帮老师拿行李" 这一动作，其明确指向 "老师" 的行李，而 "帮老师往盘子里夹菜" 这一动作，其目的则是指向 "老师" 的盘子。这些表述方式在日语中常见，它们通过指向性来体现对 "老师" 的尊重和关心，而不是简单的授受关系。

值得一提的是，有些句子在表面上看似不符合谦让语 I 的指向性原则，但如果我们从动作实施者的角度来分析，就会发现它们实际上也是符合谦让语 I 的定义的。以 "先生からお借りする" 为例，从物体移动的角度来看，"先生" 似乎是出发点，但如果我们站在借东西这一动作的实施者的角度来看，这个动作实际上是指向 "先生" 的。这是因为在这个动作实施时，借东西的人通过自谦的方式来表达对 "先生" 的

尊重和感激之情。同样，"先生からいただく"和"先生に指導してい
ただく"这类句子也是如此。从物体移动或行为发生的角度来看，"先
生"可能并不是直接的指向对象，但如果我们从动作实施者的视角来
看，这些动作无疑都是指向"先生"的。这是因为在这些句子中，说
话者通过使用谦让语 I 来表达自己从"先生"那里得到东西或受到指导
的感激之情，从而间接地提升了"先生"的地位。

3. 名词性谦让语 I 在日语中占据着重要的地位，它们与名词性尊敬
语在形式上往往相似，但在使用时的区分却至关重要。以"先生への
お手紙（给老师的信）"和"先生への御説明（向老师说明）"为
例，这些表达在表面上看似与尊敬语的形式相似，但实际上却蕴含着自
谦的意味。关键在于，我们要仔细辨别句子中的"先生"是作为表述
对象还是指向对象。如果"先生"是表述的对象，那么这些表达往往
属于尊敬语的范畴；如果"先生"是指向的对象，那么它们则属于谦
让语 I 的范畴。在运用名词性谦让语 I 时，我们需要根据具体的语境和
人际关系来准确判断。比如，在写一封给教师的信时，我们使用"先
生へのお手紙"这样的表达，其中的"先生"是指向对象，即信是写
给教师的，这里体现的是说话者的谦逊和敬意。如果是在向教师解释某
个事情时，使用"先生への御説明"这样的表达，同样，"先生"也是
指向对象，即解释是向教师进行的，这里同样展现了说话者的自谦和尊
重。因此，在使用名词性谦让语 I 时，我们需要特别注意区分句子中的
"先生"角色，并根据具体语境选择合适的表达方式。通过恰当地使用
敬意表现，我们可以更加精准地表达自己对听话人或话题人物的尊重和
谦逊。

4. 关于礼遇这个概念，在使用谦让语 I 时显得尤为重要。礼遇不仅是一种社交礼仪，还是一种顾及他人心理的表现。当我们使用谦让语 I 时，实际上是在通过降低自己或己方人的地位来凸显对方的地位，这样从而达到间接礼遇听话人或话题人物的目的。与尊敬语类似，谦让语 I 的使用同样需要考虑人际关系和社交场景。通过降低自己或己方人的行为或事物的地位，我们可以有效地提升对方的地位，使对方感受到尊重和重视。这种尊重并非直接表达，而是通过自谦的方式间接传递，使交流更加和谐、融洽。例如，在请求教师指导时，我们可以使用"先生に指導していただく"这样的自谦表达。通过"いただく"这一自谦词汇，我们降低了自己的地位，使教师的指导行为显得更加尊贵和重要。这种表达方式既表达了我们的谦虚态度，又尊重了教师的权威和地位，从而实现了间接礼遇的目的。另外，同"くださる"一样，在谦让语 I 中，我们需要特别关注表示授受关系的谦让语 I "いただく"。它首先是一个谦让语 I，那么就应当符合谦让语 I 的定义，即为表述说话者或说话者一方的行为动作指向听话人或是话题人物以礼遇对方的词汇。除此之外，它还可以表示授受关系，即含有听话人或话题人物的行为给予自己了恩惠或利益的含义。比如，"先生に指導していただく（老师给予我指导）"或"先生にご指導いただく（老师给予我指导）"。这例子除了我们所说的，"老师指导我"这一书面含义，还蕴藏着"我从老师指导我这件事中得到了许多，是很值得感谢的"这样隐含意义。该情况看上去与尊敬语非常相似，我们需要注意主语句中助词的使用，以此来判断整句话中的"先生"是动作发出者还是动作指向的对象，进而根据具体的情况选择恰当的表达方式。

在使用尊敬语和谦让语 I 时，我们需要特别注意一些问题，来确保能够准确、恰当地表达对他人的尊重和谦逊。尊敬语和谦让语 I 都是用于礼遇听话人或话题人物的重要表达方式，它们的使用对建立和谐的人际关系以及营造良好的交流氛围具有至关重要的意义。

首先，我们要明确一个原则，那就是不能礼遇己方（或己方人物）。这意味着在使用尊敬语和谦让语 I 时，我们不能对自己或己方人使用过于尊敬或自谦的表达，以免造成误解或给人一种虚伪的印象。相反，我们应该保持真实、自然的态度，以平等的身份与他人交流。

其次，礼遇听话人或话题人物是尊敬语和谦让语 I 最为常见的表达方式。尊敬语主要体现在对听话人的直接尊重和礼遇上，通过选用合适的敬语词汇和句式来凸显对方的地位和尊严。谦让语 I 则更多地体现在说话者通过贬低自己或己方人来间接礼遇听话人或话题人物上，通过降低自己的地位来凸显对方的尊贵和重要性。这两种表达方式虽然形式不同，但都是出于对对方的尊重和敬意。

最后，我们在使用尊敬语和谦让语 I 时还需要根据人际关系和场景进行综合判断。不同的人际关系和场景对敬意表现的需求是不同的。我们如果从听话人的视角来看需要礼遇话题人物，那么应该对其使用敬意表现，来表达我们的尊重和关心。然而，如果从己方视角来看需要实施礼遇，但是从听话人的角度来看无需实施礼遇时，我们则可以灵活处理，不必过分强调敬意表现。这种综合判断需要我们具备敏锐的洞察力和丰富的人际交往经验，以便能够准确把握对方的需求和期望，从而做出恰当的回应。

（三）谦让语 II 的用法

"谦让语 II"，顾名思义，与"谦让语 I"出处一致，也是日语敬意表现的特别表达方式。它允许说话者以郑重且正式的态度，向听话人或文章的读者描述与己方相关的行为、事物等。在运用这种表达方式时，我们需特别关注两个关键点。首先，谦让语 II 仅适用于描述说话者自身或己方人的行为和事物，若涉及他人，则不宜使用。其次，谦让语 II 并非用于向特定对象表示敬意，而是更多地用于向听话人传达一种庄重、正式的情感。

　　例如，当我们说"明日から海外へ参ります（明天起去国外）"时，我们以一种更加正式的方式表达"明日から海外へ行きます（明天起去国外）"的意思。这句话中的动作完全是由说话者自己发起的，没有涉及任何需要礼遇的对象。它的作用，更多的是向听话人传达一种正式、庄重的感觉。我们再看另外两个例子，"むこうから子供たちが大勢参りました（从对面来了许多孩子）"和"あ、バスが参りました（啊，公交车来了）"。在这两句话中，"子供"（孩子们）和"バス"（公交车）与说话者并没有直接的关系，而且即便不对这些事物表示敬意，也不会被视为失礼，然而为了表达一种郑重的心情，我们依然可以选择使用谦让语 II。

　　值得注意的是，谦让语 II 主要用来描述说话者或说话者一方的人的行为，因此并不适用于描述听话人或话题人物的行为、状态等。例如，如果我们说"先生は来週海外へ参ります（老师下周去国外）"，这就属于敬语使用上的偏误。因为在这个句子中，我们试图用谦让语 II 来描述"先生"（老师）的行为，但是谦让语 II 并不适用于这种情况。在使用时，我们必须明确其适用范围和限制，以免出现敬语使用上的错误。

在此，我们再次聚焦谦让语 I 与谦让语 II 之间的区别，深入剖析二者的不同点。

1. 在使用谦让语 I 时，一个核心的判断标准便是是否存在需要礼遇的指代对象。举例来说，当我们说"先生のところに伺います"时，我们之所以如此表达，是因为"先生"作为听话人或话题人物，是需要我们表达敬意的对象。通过选用谦让语 I，我们间接地提升了对方的地位，以示尊重。然而，如果我们尝试说"弟のところに伺います"，则显得不恰当，因为"弟"属于己方范畴，我们无需对他实施礼遇。自谦语的运用，正是通过贬低己方来间接提升对方的地位，从而达到礼遇的效果。相较之下，谦让语 II 的使用则更多侧重表达一种郑重的心情。它并不特定于某个需要礼遇的对象，而是向听话人传达一种正式、庄重的氛围。因此，无论是在与"先生"还是"弟"的交流中，我们都可以使用谦让语 II 来表达这种心情。例如，可以说"先生のところに参ります"，也可以说"弟のところに参ります"，这两句话都传达了说话者对听话人的郑重态度。

2. 当一句话中可以同时使用谦让语 I 和谦让语 II 时，两者所起的作用并不相同。以"先生のところに伺います"和"先生のところに参ります"为例，前者主要是通过自谦的方式礼遇动作指代对象——"先生"，而后者则更侧重向听话人表达一种郑重、正式的心情。当然，在某些特定场景下，指代对象和听话人可能是同一人，此时谦让语 I 和谦让语 II 的使用会存在重叠，但这种重叠仅限于能够确认二者为同一人物的情况下。在大多数情况下，我们仍需注意区分谦让语 I 和谦让语 II 的不同之处。

3. 谦让语 I 和谦让语 II 在形式上也有所不同。自谦语在口语表达中可以不接"ます",显得更加随意、亲近。例如,在与关系亲密的人讨论明天去拜访教师时,可以说"明日先生のところに参る",这里通过"行く"的谦让语 I 形态"参る"间接使话题人物"先生"受到礼遇,同时因为与听话人关系亲近,所以未使用"ます"。谦让语 II 则必须接"ます",来体现对听话人或场景的郑重态度。

4. 值得一提的是,谦让语 I 和谦让语 II 有时可以融合在同一个单词中。例如,"お願いいたす"这个单词便兼具了谦让语 I 和谦让语 II 的特点。在这种情况下,它并非双重敬语,而是将两种敬意的表达方式巧妙地结合在一起,既体现了对己方的谦逊,又传达了对听话人的郑重态度。这种用法在日语中是自由且常见的。

（四）礼貌语的用法

日语中的"礼貌语"这一概念,主要是从语体层面进行定义的。具体来说,它是指在句子的结尾部分,说话者通过特定的词汇来向听话人表示礼遇。这些特定的词汇,最为常见的就是"です"和"ます"。它们在日语中的基本形式为"名词·形容词·形容动词等+です"以及"动词连用形+ます"。这些词汇常常出现在句子的末尾,用于表达礼遇之情,所以它们也被称为礼貌体。值得注意的是,这些礼貌体词汇在句子中并没有实际的句法意义,它们更多的是起到一种修饰和增强礼貌效果的作用。换句话说,即使不使用"です"和"ます",原句所表达的语义内容也并不会发生改变。例如,"次は来月十日です"和"次は来月十日だ（よ）",这两个句子虽然形式不同,但它们所传达的信息是一致的,都表示"下次是下个月 10 号"。然而,我们通过对比可以发现，使用了"です"的句子更能让听话人感受到说话者的礼遇之情。这种通过特定词汇表达敬意的语言形式，就是我们所说的礼貌语。

除了"です"和"ます"，日语中还有一种与它们功能相似但礼貌程度更高的表达方式，那就是特敬体"～（で）ございます"。这种特敬体在用法上与郑重语有所不同。首先，郑重语主要用于描述己方的行为或事物，强调的是对己方的谦逊和郑重。礼貌语则不受此限制，它在任何情况下，只要存在听话人，都可以使用。其次，从礼貌程度上来看，礼貌语与郑重语相比，很多时候其礼貌程度会稍低一些。当我们使用礼貌程度较高的"～（で）ございます"时，它的礼貌程度就与郑重语相当，甚至在某些情况下，可能会显得更加尊敬和庄重。

（五）美化语的用法

"美化语"是说话者在叙述事物时，展现出的一种独特的敬意表达方式，这种表达方式不仅体现了礼貌，还彰显了优雅的品质。它并非仅仅一种语言上的修饰，还是一种对事物的敬重和对自己品位的体现。举例来说，当我们说"お酒は百薬の長だそうです（酒为百药之长）"时，其中的"お酒"便是美化语的典型运用。这里，我们并没有直接对听话人或话题人物使用尊敬语，也没有通过贬低自我来间接表达敬意，更没有对听话人或场景表达郑重的心情。相反，我们仅仅是将普通的"酒"替换为了更为优雅的"お酒"。这种替换并非无的放矢，它背后蕴含的是说话者对酒的独特情感和深厚理解。通过使用"お酒"，说话者不仅展现了自己对酒的敬重，还传达了一种高雅的品位。这种品位并非刻意追求，而是自然而然流露出来的，它让听话人在听到这句话时，不仅能够感受到说话者的敬意，还能够体会到说话者的高雅品位。

二、影响日语敬意表现使用的因素

(一) 敬称

关于"敬称",现代中文的界定似乎尚未有定论。在权威的《现代中文词典(第六版)》中,对敬称给出了双重定义。一方面,敬称作为动词,其含义是尊敬地称呼某人,这里的核心在于"称"这个动词,强调的是称呼时的态度和方式。另一方面,敬称作为名词,则是指那些表示尊敬的称呼方式,其侧重点在于"称呼"本身,即人们在日常交往中所选用的那些具有尊敬意味的称谓语。然而,在学术领域,有些学者对敬称的定义持有不同的看法。他们认为,含有表敬因素的动词接头语也应纳入敬称的范畴。这样一来,敬称就不仅仅是人与人之间的称谓语了,一些特定的动词,如"垂询""赐教"等,也可视为敬称的一种表现形式。不过,在现代中文的实际应用中,我们更倾向将敬称限定为名词性含义,即那些具有尊敬意味的称呼方式,而不包括含有表敬因素的动词。此外,在我们的日常生活中,我们还经常能遇到一种特殊的敬称现象,那就是"以正称副"。例如,某单位的副处长张某,在非书面用语的环境下,我们往往会将其尊称为"张处长"。尽管这种称呼与事实上的职务并不相符,但作为一种社交场合中提高对方地位的称呼方式,它却是合理且符合敬称定义的。

中文中的敬称现象可谓丰富多样。从日常生活中的"叔叔""爷爷"这类亲属称谓,到各种职务职称,我们都可以视为敬称的不同表现形式。近年来,随着语言生活的不断演变和丰富,中文还出现了一些新的敬称方式。比如,"小姐姐""小哥哥"这样的称谓,原本在北方方言中是对年轻女性和男性的亲切称呼，多用在长辈对晚辈的场合，主要表达亲近之情。然而，随着语言的不断发展和变化，这些称谓的含义也逐渐发生了转变。现在，在网络和年轻人群体中，"小姐姐""小哥哥"已经演变成一种介于敬称和爱称之间的称呼方式。当用"小姐姐""小哥哥"来称呼陌生人时，这实际上是一种积极的礼貌策略，能够有效地拉近彼此的距离，增进彼此之间的亲近感。

　　日语中的敬称相对而言是比较固定的，这一点在《日本国语大辞典第二版》中得到了充分的体现。该辞典对敬称给出了两个明确的定义。首先，敬称可以附加在人名或官职名之后，也可以单独使用，用于表达对受话者的敬意。这种敬称方式在日语中十分常见，它体现了一种对受话者的尊重与敬意。其次，敬称还可以用于指称对方或对方的事物，同样带有敬意。这种敬称方式在日语中也十分普遍，它展示了日语中对他人及其事物的尊重和重视。无论是哪一种定义，日语的敬称都主要聚焦于名词之上。

　　在第一种定义中，常见的敬称接尾词包括"殿""樣""氏""さん""くん"等。这些接尾词在现代日语中广泛使用，用于表达对受话者的敬意。同时，日语中也存在"姓+职位"这种表达敬称的方式，这与中文中的情况相似。然而，值得注意的是，日语中并不存在"以正称副"的现象。例如，在称呼某公司的副部长吉田先生时，下属员工会直接称呼其为"吉田副部長"，而不会去掉"副"字。这种称呼方式被认为是真实且恰当的，去掉"副"字反而会被视为虚伪和不真实，失去了使用敬称的意义。

　　在第二种定义中，敬称主要包括以"尊""御""貴""高"等含有表敬因素的接头词。这些接头词在日语中同样扮演着表达敬意的角色。无论是接头词还是接尾词，日语中的敬称都是针对话题人物、受话者或受话者一方的人、事、物进行表述的称谓语。由此可见，与中文相比，日语的敬称范围相对较小，表述也更加精确。这可能与日语语言文化的特点有关，它强调对他人及其事物的尊重和重视，通过特定的敬称方式来表达这种尊重。这种语言文化的特点也反映了日本社会对礼仪和尊重的高度重视。

另外，在中国文化中，敬称的运用通常与地位或年龄有关，我们更倾向对年长者或地位较高者使用敬称，来表达对他们的尊敬和敬意。然而，当我们转向日语时，我们会发现敬称的使用更加复杂和多样，它更多地受具体场景和语境的影响。在日语中，一些特定的称谓，虽然在表面上看似普通，但实际上却蕴含着敬意。例如，过去对罪犯或犯罪嫌疑人的称呼，往往会省略掉具体的称谓语，这主要是出于对他们的贬低和谴责。随着社会的进步和人权意识的增强，人们对这类人群的称呼也发生了变化。如今，在新闻报道中，我们会看到如"容疑者""被告""受刑者"以及"死刑囚"等词汇，这些都被视为广义上的敬称，它们虽然指代的是罪犯或犯罪嫌疑人，但在称呼上却给予了他们应有的尊重。当然，这种敬称的使用并非一成不变。当涉及的罪犯或犯罪嫌疑人是公众人物时，他们的敬称往往会保持不变。以二代目中村狮童为例，他在2006年因违反交通法规而被起诉。他犯了错，但在相关的报道中，媒体仍然使用了"歌舞伎俳優·中村狮童"这一带有敬意的称呼。这既是对他职业身份的尊重，也体现了日语对公众人物的一种特殊敬称方式。这种敬称的使用方式，实际上反映了日语"内外亲疏"的语言表达形式。对与自己关系亲密或者没有上下级关系的人，日语往往会省略具体的称谓，来体现亲近和随意。对那些关系较为疏远或者存在上下级关系的人，日语则必须使用敬称，来表达尊重和敬意。这种敬称的使用方式，既体现了日语的细腻和复杂，也反映了日本社会对人际关系和礼仪的高度重视。

（二）谦称

"谦称"通常被视为与"敬称"相对应的语言表达形式，两者在交际中起到了平衡和互补的作用。《现代汉语词典（第六版）》对谦称的定义，同样给出了两个层面的解释。首先是作为动词使用，意味着以谦虚的态度进行称说，这与敬称的第一个含义颇为相似，都是突出了"称"这个动词的行为特性。另一个含义，则是指代那些带有谦虚意味的称谓，尽管在实际意义上与敬称颇为接近，但这里更加凸显了谦称作为称谓语的一种特殊区别对待表现。值得注意的是，与现代中文中的敬称不同，谦称几乎不存在任何动词形式的表达或者包含表谦因素的动词接头语，这是两者之间的显著区别。在日语应用中，谦称的范围则显得更为广泛。根据《日本国语大辞典第二版》的定义，谦称不仅指代那些用以谦逊地称呼自己或他人的词语，如"愚生""小生""愚弟"等，还涵盖了那些带有表谦因素的动词表达。这意味着，在日语中，谦称不仅用于人的称谓，还可以用于动词，来表达说话者的谦逊和敬意。这种用法在日语中相当普遍，体现了日语在表达敬意和谦逊时的丰富性和细腻性。

根据上述内容，我们可以观察到一个颇为有趣的现象：在定义上，日语的敬称与中文的谦称有着相近之处，而中文的敬称则与日语的谦称几乎相同。这一现象的根源在于汉日两种语言对敬意表现的作用认知存在着显著差异。简而言之，汉日两种语言在敬意表现的使用原则上存在明显的不同。在中文中，敬意表现使用的最大原则是"贬己尊人"。这意味着在指代自己或与自己相关的事物时，人们倾向使用带有"贬"意的词汇或表达方式，而在指代受话者或与受话者相关的事物时，则倾向使用带有"尊"意的词汇或表达方式。这种"贬己尊人"的原则，其认知基础深深植根于古代祭祀神灵、祈求神灵保佑的理念之中。因此，在中文语境中，"恭敬和顺"成为使用敬意表现表达礼貌的基本心理状态。人们通过这种方式来展示对长辈、上级或尊贵者的尊重，同时也体现了对自我谦逊的态度。

相比之下，日语敬意表现的使用则建立在"相互尊重"的基础上。这意味着在日语中，无论是与上级、长辈还是与平辈、下级交流，人们都应当保持一种相互尊重的态度。这种尊重不仅体现在言语的选择上，还体现在整个交流过程中的态度和氛围上。因此，日语的敬意表现更多的是为了营造一个和谐、平等的交流环境，而非单纯地表达对某一方的尊敬。在古代，人们的身份和阶级是固定不变的，因此古日语中的敬意表现体系和框架也是绝对的。然而，随着时代的进步和社会的发展，现代社会中人与人交往的原则已经转变为相互尊重基本平等的人格。因此，敬意表现也不再仅仅体现绝对、固定的人际关系，还逐渐转变为反映人与人相互尊重的新型人际关系。在日语交流中，人们是否使用敬意表现以及如何使用敬意表现，往往能够反映出说话者对人际关系的认知和理解。因此，很多日语母语者对学习者使用不恰当的敬意表现会感到介意。这并非仅仅因为敬意表现使用不当而导致误解或冒犯，还因为敬意表现是日语文化中非常重要的一部分，它体现了日本人对内外亲疏界限的明确认知。这种界限既是从古代流传下来对礼仪的要求，也是作为社会性生物的人类对自我领域的一种界定。因此，在使用日语敬意表现时，我们需要特别注意不仅要考虑在何种场景中应该使用敬意表现，来呈现何种人际关系，还要关注在不使用敬意表现的场景中，如何通过其他方式来表达对对方的尊重和理解。只有这样，我们才能真正做到在日语交流中既尊重他人又保持自我，达到真正意义上的相互尊重。

（三）话题人物

从有无"话题人物"的角度来看，其在敬意表现使用中的影响不容忽视。前文关于敬称和谦称的章节已经对此有所提及，日语中的敬意表现，无论是否使用，都深刻地反映了说话者与听话人之间复杂而微妙的人际关系。正是基于这样的理论背景，辻村对敬意表现进行了分类，提出了素材敬语和对者敬语的概念，为我们理解日语敬意表现的运用提供了有力的素材。

素材敬语，其核心语言表达形式主要包括尊敬语和自谦语。我们以"先生はお帰りになった"与"先生はお帰りになりましたか"为例，这两句话在敬意表现上存在明显的差异。前者仅使用了尊敬语"お帰りになる"这一敬意表现形式，而后者则包含了"お帰りになる"和"なりました"两个敬意表现形式，其中一个是尊敬语，另一个则是礼貌语"ます"的变体。这种差异的产生，主要是因为说话场景中人际关系的不同。第一个句子对"先生"的行为使用尊敬语是为了提升对方的地位，表达深深的敬意，而后面不使用"ます"形，则反映出对听话人地位的忽视，无需特别对其表示敬意。这暗示着说话者和听话人

之间的关系可能是较为密切的，至少不是疏远或陌生的关系。

相比之下，第二个句子中使用了"ます"形，则显示对听话人的特别顾及。大多数时候，当素材敬语和对者敬语同时使用时，听话人和话题中的人物往往是同一人。当然，这也存在一些特殊情况。例如，在询问老师是否已经回家的场景中，如果听话人是高年级的学长，即使听话人和话题人物并不统一，为了表达对学长的敬意，我们仍会选择使用"先生はお帰りになりましたか"。

在实际应用中，如果说话者与听话人之间关系非常亲密，即便话题人物是地位较高之人，只要其不在会话现场，说话者往往会省略对话题人物的敬意表现。比如，当甲和乙关系非常亲密时，老师如果不在场，他们可能会说"先生は帰った"，而不是使用更为正式的"先生はお帰りになった"。然而，当说话者和听话人之间存在地位或亲疏关系的差异时，使用对者敬语的同时，素材敬语的使用也是必不可少的。比如，当甲是乙的高年级学长时，乙对甲会直接使用"先生はお帰りになりましたか"，而不会选择更为随意的"先生は帰りましたか"。对敬意表现的使用者来说，这一点是非常容易被忽视的，也容易导致敬意表现使用上的偏误。因此，明确敬意表现使用所体现的人际关系的差异，并在使用敬意表现时充分考虑话题人物、听话人和自己三方的相应人际关系，是避免敬意表现偏误的关键。只有这样，我们才能更好地运用敬意表现，准确表达我们的敬意和尊重。

（四）旁观者

在生活或电视剧的诸多场景中，上司斥责下属的情节屡见不鲜。当上司 A 责备下属 B 不会做事时，他可能会用"何をしやがってる"这

类较为直接且略显粗鲁的措辞来表达不满。这种表达方式往往带有强烈的情绪色彩，直接揭示了上司对下属工作表现的不满。然而，如果此时现场还有地位更高的上司 C，情况就会变得复杂起来。

面对这种情况，上司 A 可能会有两种截然不同的反应。一种是他可能会故意使用更为轻蔑的语言继续斥责下属 B，来显示自己的威严和不容置疑的地位。另一种方式，则是他可能会选择使用更为委婉的表达方式，如"よくもこんなことをなさいましたね"，来向上司 C 传达自己对下属工作的不满。这种方式虽然表面上看起来更加礼貌，但实质上仍然是在表达对下属办事不力的斥责。上司 A 之所以这样做，很可能是因为他不希望自己的话听起来过于粗鲁，同时又希望能够通过这种方式展现出自己严格管理的一面。

这两种表达方式虽然在机能和意图上是一致的，即都是表达对下属工作的不满，但在表达内容和形式上却有着显著的差异。这种差异的产生，很大程度上是因为旁观者——上司 C 的存在。他的出现使得上司 A 在表达不满时需要考虑更多的因素，如如何维护自己的形象、如何避免与上司 C 产生冲突等。当然，除了上司 A 自身的选择，旁观者上司 C 的态度和行为也会对区别对待表现的使用产生影响。上司 C 如果出于爱惜人才的心理制止上司 A 的斥责，或者为了缓和职场氛围而打圆场，那么上司 A 的语气和表达方式很可能会因此而发生变化。他可能会从原先的直接斥责转变为更为温和的提醒和建议，从轻蔑语向一般言语表达过渡。这种变化既是出于对上司 C 的尊重，也是为了维护职场关系的和谐。通过这两个案例的分析，我们可以清晰地看到，话题人物和旁观者对区别对待表现的使用都有着重要的影响。话题人物的影响往往趋于传递正面而积极的意图，他们希望通过合适的表达方式来维护自己的形象和地位。旁观者的影响则更加复杂，他们可能会根据自己的立场和态度来影响说话者的表达方式，既可能产生正面影响，也可能带来负面影响。这种影响主要取决于谈话场景、受话者、说话者、旁观者和话题人物之间的关系。因此，在实际的职场沟通中，我们需要充分考虑这些因素，选择合适的表达方式来达到预期的效果。

在本章中，我们借助一系列生动的例句，详细剖析了日语敬意表现的概念、用法，并深入探讨了影响敬意表现使用的诸多因素。通过具体的实例，我们不难发现，日语的敬意表现是一种极为复杂且微妙的语言现象，它不仅涉及词汇、语法、语调等多个层面，还受文化、社会、心理等多方面因素的影响。然而，我们尽管已经对日语的敬意表现有了较为深入的了解，但关于其本质和发展历程的探讨仍然不够充分。因此，在下一章中，我们将进一步深入挖掘日语敬意表现的本质特征，探究它是如何形成并发展至今的。我们将从历史、文化、社会等多个角度入手，揭示日语敬意表现背后的深层原因和演变过程。

第七章

日语敬意表现的本质及流变过程

如前文所述，现代中文体系中已经具备了一套完整的敬意表现系统，但在实际运用中，不同类型敬意表现之间的界限却并不十分明确。这导致了在实际交流中，人们往往难以准确区分和运用各种敬意表达方式。此外，传统的敬意表现概念往往侧重于形式上的规范和礼仪上的遵守，而未能明确区分其与现代中文敬意表现在功能和意义上的不同。因此，我们在研究现代中文的敬意表现时，需要更加深入地探索其内涵和外延，来明确其与现代中文表达体系中其他要素的关系。

在第四章中，我们采用了日汉对比研究的方法，从语用学和语义学的角度出发，深入剖析了日本敬意表现的要素。通过对比分析，我们不仅发现了日汉两种语言在敬意表现方面的共性和差异，还进一步明确了现代中文敬意表现的范围和特点。这一研究为我们更加深入地理解现代中文的敬意表现提供了有益的启示。

在第六章中，我们对日语的敬意表现进行了更为全面和细致的梳理。通过梳理日语敬意表现的历史演变、分类特点以及使用场景等方面的内容，我们更加深入地了解了日语敬意表现的多样性和复杂性。同时，我们也发现了日语敬意表现在不同社会文化背景下的差异和变化，这为我们研究现代中文敬意表现的变化提供了有益的借鉴。

本章，我们将对迄今为止有关日语敬意表现变化的大量研究进行系统的整理。通过对这些研究的梳理和分析，我们将简要概括敬意表现的本质和迄今为止引起敬意表现变化的因素。在此基础上，我们将提出一种研究中文敬意表现变化的内外因素的研究方法。这种方法将综合考虑语言内部因素（如词汇、语法、语用规则等）和外部因素（如社会文化、历史变迁、交际场景等）对敬意表现变化的影响，以期更加全面和深入地揭示中文敬意表现变化的规律和机制。通过对日语敬意表现变化的研究方法的借鉴和改良，我们能够更加精准地把握中文敬意表现变化的内在逻辑和外在动因，从而为推动中文敬意表达体系的发展和完善提供有益的参考。

一、日语敬意表现的本质

在现代社会，随着科技的日新月异和社会结构的深刻变革，世界各地都在经历着前所未有的变化。日本，作为一个高度发达的国家，同样难以避开这一发展浪潮。在这样一个日新月异的社会背景下，日本社会也在不断地适应和演变。交通技术的进步，无疑是现代社会发展的一个重要标志。如今，人们可以凭借高速的交通工具，轻松地前往世界的任何一个角落。无论是国内的短途旅行，还是跨国的长途跋涉，我们实现这些都变得前所未有方便和快捷。这种便捷的交通方式，不仅拓宽了人们的视野，还使人们的信息网络得到了极大的扩展。人们可以通过各种渠道，获取来自世界各地的信息，使人与人之间的交流变得更加活跃和丰富。随着交流的日益频繁和深入，如何有效地进行信息沟通和交流，成了一个亟待解决的问题。在这个过程中，敬意表现作为一种特殊的语言表达方式，扮演着重要的角色。它不仅是人们表达敬意和尊重的一种方式，还是确保信息准确传达、避免误解和冲突的重要手段。

然而，在现代社会中，由于交流方式、交流目的和交流内容的巨大变化，越来越多的人对敬意表现的使用产生了困惑和怀疑。一些人认为，敬意表现难以掌握和使用，应该取消它，来简化交流过程。这种观点看似合理，但实际上却是对"合作原则"的漠视。因为敬意表现的存在，正是为了使交流更加顺畅和有效，确保信息被准确传达和理解。日本国语审议会第一委员会第 12 次会议也明确指出，敬意表现的存在具有深远的意义。它不仅能够促进交流的顺利进行，还能够传承历史文化，维护社会的和谐稳定。此外，《敬语的指针》也强调了敬意表现在人际交往中的重要作用。它不仅是表达个人意图和感情的一种方式，还体现一个人对他人、周围环境和自身角色的认知和理解。我们不难发现，从古至今的日语发展史上，敬意表现始终发挥着不可替代的作用。它既是日本文化的重要组成部分，也是现代社会中不可或缺的交流工具。这些社会、文化和心理因素的交织影响，使日本大众对敬意表现的认识发生了深刻的转变。以往，下级在与上级交流时所使用的顺从阶级的用语，更多地体现了一种阶级和地位上的不平等。然而，随着时间的推移，这种观念逐渐淡化，敬意表现逐渐演变成一种基于相互尊重的自我表达方式。

关于敬意表现，许多学者都给出了深刻的见解。大石初太郎曾经指出，敬意表现所表达的谦虚和敬意并非必然相关。他强调，是否使用带有敬意的表现形式，与内心是否真正怀有敬意，其实是两回事。这一观点揭示了敬意表现的复杂性和多样性，它并非简单的语言形式，而是涉及了人们内心的情感和态度。南不二男和林四郎则进一步扩展了这一讨论，他们指出，敬意表现的使用能够让接受者感到舒适和愉悦。这是因为敬意表现能够强烈地刺激和调动人们的情感，它成了一种情感语言要素。敬意表现的魔力和敬语特殊的表现力，使其成了语言技术的一类重要素材。

换句话说，敬意表现在现代社会中已经从传统的"表示敬意的语言表达方式"转变为一种在交际中维系人际关系的语言行为。它不仅是消极礼貌的表现手段之一，还是表达人际关系中社会心理距离的重要方式。通过敬意表现，人们可以更加精准地把握彼此之间的关系，避免冲突和误解，从而实现更加和谐有效的交流。随着传统的敬意理论与关系认识理论的冲突与融合，敬意表现一词逐渐得到了统一和深化。如今，它已经成为一种表达人际关系中社会心理距离的语言表达方式，为人们在交流中提供了更多的灵活性和可能性。这一转变不仅反映了日本社会的变化和进步，还为我们更深入地理解和运用敬意表现提供了有益的启示。

敬意表现，作为日语和日本文化的一个鲜明特点，同时也是现代社会交流方式中不可或缺的一个组成部分，随着时代的变迁而不断演变和进化。如今，我们观察到的敬意表现与过去的敬意表现在形态上已经有了显著的差异，这种变化不仅体现在形式上，还深入地反映在其背后所蕴含的社会文化和人际关系的变革中。首先，敬意表现在反映说话人和听话人之间以及谈话参与者之间的人际关系上发生了显著的变化。过去，敬意表现更多地被视作一种阶级用语，用以区分和维持社会阶层之间的界限。然而，在现代社会中，随着平等观念的普及和人与人之间相互尊重意识的增强，敬意表现逐渐摆脱了其原有的阶级束缚，转而成了一种基于"相互尊重"的自我表达用语。人们通过敬意表现来展现对他人的尊重和关注，进而促进交流和沟通的顺利进行。

其次，敬意表现的分类也在不断发生变化。过去，敬意表现的分类相对简单，主要基于使用场合和对象的不同而有所区分。然而，随着社会的不断进步和人际关系的日益复杂，敬意表现的分类也变得更加细致和多样化。人们开始根据人际关系的不同阶段和层次，对敬意表现进行更加深入的细分，来更好地适应不同场合和对象的需求。这种分类的细化不仅有助于人们更加精准地运用敬意表现，还反映了人们对人际关系认知的深化和细化。

最后，敬意表现的使用也在发生变化。过去，敬意表现往往被局限于特定的场合和对象上，使用范围相对较小。然而，随着社会的开放和交流的增多，使用敬意表现的人数不断增加，敬意表现大众化成为一种趋势。越来越多的人在日常生活中使用敬意表现来展示自己的素养和修养，同时也在不断拓宽敬意表现的使用场合。这种变化的背后，既反映了人们对敬意表现重要性的认识提升，也体现了社会文化的进步和开放。

日本敬意表现的变化是多方面、多层次的，它不仅反映了社会文化和人际关系的变革，还为我们提供了观察和理解日本社会的重要窗口。下一节，我们将从人际关系变化、分类变化、使用变化三个角度出发，进一步探讨敬意表现变化的深层原因和动力机制，以及其在现代社会中的作用和意义。

二、日语敬意表现的变化

（一）大众化的敬意表现

日语的敬意表现经历了一场深刻的变革，从过去那种严格区分阶级的语言表达形式，逐渐转变为一种更加注重相互尊重的表达方式。这种转变并非一蹴而就，而是伴随着社会的进步和人们观念的更新而逐渐显现的。与此同时，为了更好地适应这一变化，人们对敬意表现的使用也在进行更为细致的分类和深化。这种分类的细化，旨在更精准地传达敬意，让人们在交流中既能体现出对对方的尊重，又能避免过于刻板或不当的表达。

　　社会推动这两个变化发生的根本原因在于"敬意表现的大众化"。这一趋势意味着敬意表现不再是少数人或特定阶层的专属，越来越多的人开始在日常交流中运用它。菊池康人在其研究中首次提出了"敬意表现的大众化"这一概念，并将其视为现代敬意表现的一个显著特征。他敏锐地观察到了这一社会现象，并尝试通过深入的研究来揭示其背后的原因。作为这一观点的有力证据，菊池康人列举了"お/ご~される"这一谦让语Ⅰ的表达形态发生变化后，容易使人将其尊敬语化的例子。他指出，"お/ご~される"这一表达形式，由于其词形简短、易于造句的特点，在实际生活中被越来越多的人用作尊敬语。这一现象不仅体现了敬意表现的大众化趋势，还反映了人们对敬意表达多样性和灵活性的追求。根据菊池康人的研究，敬意表现的普及意味着更多的人开始使用或尝试使用敬意表现。这种普及不仅丰富了人们的语言交流方式，还促进了社会文化的和谐发展。同时，随着敬意表现的普及和多样化，我们也可以预见一个更加"发达"的敬意表现使用社会的到来。菊池康人对此现象进行了深入的解读。他认为，敬意表现的大众化是社会发展和文明进步的必然结果。随着人们教育水平的提高和社交圈子的扩大，人们对敬意表达的需求也日益增强。同时，随着社会的进步和观念的更新，人们对敬意表达的理解和运用也更加灵活和多样。这种变化不仅体现在语言表达上，还体现在人们的心态和行为上。

　　为什么会出现这种敬意表现的转变，菊池康人给出了深入的解析。首先，他观察到随着经济的快速增长，产业结构发生了显著的转型。过去，以农业和重工业为主导的产业占据了经济的主要部分，而现在，随着科技的进步和社会的发展，白领工作、销售以及服务行业等第三产业的比例在不断提升。这些行业在日常工作中对敬意表现有着更高的需求，因此从事这些行业的人们在使用敬语方面的比例也明显增加。他们需要在与客户、同事和上级的交往中恰当地运用敬语，来展现自己的职业素养和对他人的尊重。其次，从 20 世纪 70 年代开始，关于如何轻松学习敬语的实用书籍开始大量涌现。这些书籍的出现，反映了社会对敬意表达学习的迫切需求。人们意识到，敬意表现不仅仅是语言的一种形式，还是一种文化修养和社会交往能力的体现。因此，他们开始主动寻求学习敬语的方法和途径。根据"敬语书籍一览表"的记录，面向大众的敬语解说类读物、敬语手册和指南等出版物数量众多，而且这个数字还在持续增长。这些书籍的出版，不仅为人们提供了学习敬语的便利途径，还推动了敬意表现的大众化进程。

　　在过去，敬意表现往往被视为一种身份的象征，人们在使用敬语时更多考虑的是对方的身份和地位，以此来体现自己的尊重和敬畏。然而，随着社会的不断发展和进步，人们开始更加注重人际关系的和谐与平等，敬意表现也逐渐摆脱了传统的束缚，向着更加灵活和实用的方向发展。现在，敬语的使用为了促进人与人之间的交流和沟通，而不是简单地展示社会地位。这种转变深刻影响了敬意表现的使用方式，使其更加注重人际关系的和谐与顺畅，而不再过分强调通过敬意表现来彰显个体的地位和社会等级。换言之，敬语的使用正在经历一个从"身份型敬语"向"社会型敬语"的渐进性转变。

这种转变使敬意表现更加贴近人们的日常生活，也更容易被大众所接受和使用。然而，与此同时，这种变化也带来了一些新的挑战。由于敬意表现变得更加灵活和多样，人们在使用敬意表现时可能会因为理解上的差异或文化背景的不同而产生误解或误用。基于这种转变，菊池康人进一步得出结论：敬意表现的变化趋势是使其更加易用，但同时也伴随着更高的误用风险。这意味着，在敬意表现越来越大众化的同时，我们需要更加谨慎地理解和运用敬语，以避免在人际交往中造成不必要的尴尬或冲突。

（二）从阶级用语到相互尊重的语言表现形式

浅田秀子在对日本历史进行了详尽的梳理之后，总结出了日本社会与其他国家在多个层面上的显著差异。这些差异不仅体现在日本社会的结构上，还反映在其独特的历史发展进程中。首先，浅田秀子指出，在近代以前的日本社会中，一个显著的特点是人民从未通过反抗贵族统治来夺取政权。与其他国家的历史相比，日本似乎呈现出一种相对稳定的统治结构。人与人之间被清晰地划分为两个不同的等级，地位较高的人扮演着统治者和消费者的角色，而地位较低的人则处于被统治和生产的状态。这种等级制度的严格性，使社会阶级之间的流动性受到了极大的限制。其次，浅田秀子提到，除了战国这一特殊时期，其余时期日本社会的地位在原则上是世袭的。这意味着人们往往不能轻易地从一个居住地迁移到另一个居住地，而是被迫世代居住在当地。这种世袭制度和居住地的固定性，进一步加固了社会阶级结构，使社会变革和阶级流动变得更加困难。然而，尽管存在严格的等级制度和世袭原则，浅田秀子却观察到日本社会中上层和下层人民之间的交流相当活跃。这种交流不仅

使双方能够相互了解，还在一定程度上缓解了阶级之间的矛盾。因此，
日本社会并不存在明显的压迫者和被压迫者的关系，这与一些其他国家
的历史经验形成了鲜明的对比。此外，浅田秀子还指出，上层阶级在统
治过程中试图得到下层阶级的理解和支持。这种统治方式使政变或革命
在日本社会中变得相对罕见，前近代时期的日本很少发生阶级颠覆事
件。这种和平的统治方式，既体现了日本社会的稳定性，也反映了上层
阶级对下层民众的理解和尊重。最后，浅田秀子提出了一个有趣的观
点：在日本社会中，上层和下层人民之间的交流是通过理性方式进行
的。这种理性交流的实现方式之一，就是使用"歌"这种敬意表现形
式。歌作为一种特殊的交流工具，不仅有助于表达敬意和尊重，还能够
促进不同社会阶层之间的理解和沟通。通过歌这种媒介，上层和下层人
民得以在保持一定距离的同时，实现有效的交流和互动。

　　作为证据，宫地裕在下表中列出了不同类型敬意表现词汇的发展
情况。

表 7-1　敬意表现词汇分类发展情况表

	美化语	礼貌语	谦让语 II	谦让语 I	尊敬语
上古（飞鸟·奈良时代）的敬语	×	×	×	√	√
中古（平安时代）的敬语	×	△	√	√	√
中世（镰仓·室町时代）的敬语	△	√	√	√	√
近世（江户时代）的敬语	√	√	√	√	√
现代的敬意表现	√	√	√	√	√

　　然而，从平安时代起，日语的敬意表现开始发生深刻的变化。礼貌
语这一特定的敬意表现类别的确立，标志着日语的敬意表现逐渐从单纯
的客观事物描述转变为更加复杂和人性化的对听话人表达敬意和关怀的

形式。这一转变不仅仅是语言层面的变化，还是社会结构和人际交往模式转变的反映。随着以听话人为中心的敬意表现逐渐占据主导地位，日本敬意表现的机制发生了巨大的变革。从过去的绝对敬语转变为相对敬语，这一变化体现了敬意表现更加灵活和人性化的特点。虽然在这一阶段，敬意表现尚未完全达到相互尊重的表达阶段，但我们可以从中窥见相互尊重的雏形，这为日后敬意表现的进一步发展奠定了基础。

战后，随着日本经济的迅速增长，销售和服务行业成了劳动力的重要聚集领域。为了在工作中保持顺畅的人际关系，人们对敬意表现的使用要求也越来越高。这一变化不仅反映了社会对礼貌和尊重的普遍需求，还体现了日语敬意表达在日常生活中的实用性和重要性。与此同时，过去那种基于权力关系的绝对等级关系已经逐渐崩溃。相反，基于亲属和亲密关系的"内部"和"外部"关系得以建立，并转换为相对的等级关系。这种转变使敬意表达不再仅仅是对上位者的敬畏和服从，还更多地体现了对平等和相互尊重的追求。

为了应对这种语言生活方式的变化，日本负责制定国家语言政策的咨询机构——国语审议会积极行动。他们制定了一系列有关敬意表现的政策文件，如《今后的敬语》（1952年）、《现代社会中的敬意表现》（2000年）和《敬语的指针》（2000年）。这些文件不仅为敬意表现的使用提供了指导和规范，还反映了现代日语中对敬意表现看法的转变。从过去单纯地表达敬意，到现在强调相互尊重，这一变化体现了社会的进步和人际交往模式的演变。

在《现代社会的敬语》这部著作中，专家们对日语中的"敬语"一词进行了深入的探讨。他们认为，"敬语"作为一种基于人际关系的语言使用形式，自古以来就在日语中占据着重要的地位，并且随着时代的变迁，其形式与内涵也经历了各种变化。为了更好地理解和把握这一语言现象，专家们设立了一个上位词——"敬意表达"。"敬意表达"是指在交流中使用的语言，这种语言的核心在于相互尊重。在使用时，说话者需要充分考虑对方的身份、地位以及所处的场合，来确保自己的表达既得体又恰当。这种表达方式不仅体现了说话者对对方的尊重，还展示了说话者自身的修养和素质。具体来说，"敬意表达"是本着相互尊重的精神，在考虑对方和情况的前提下使用的语言。它要求说话者在与他人交流时，始终保持一颗谦逊和尊重的心，尊重对方的人格和地位，避免使用冒犯或不当的言辞。同时，说话者还需要根据具体的场合和情境，灵活选择适当的表达方式，来确保自己的话语既能够传达出自己的意思，又能够赢得对方的尊重和信任。在敬意表达中，除了直接使用敬意表现，还有各种其他表达方式可以供说话者选择。这些表达方式可能更加灵活多样，可以根据具体的情况进行调整和变化。因此，说话者需要在敬意表现和敬意表现以外的各种表达方式中进行权衡和选择，找到最适合当时情境的表达方式。

综上所述，从平安时代开始，日语的敬意表现经历了从客观表达向对听话人表达敬意和关怀的转变，并逐渐发展为更加灵活和人性化的相对敬语。战后经济的快速增长和社会结构的变化进一步推动了敬意表现的发展，使其更加适应现代社会的需求。国语审议会等机构的政策文件则为敬意表现的使用提供了规范和指导，推动了现代日语中敬意表现向相互尊重的方向发展。

（三）三分类法到五分类法

泷浦真人在其研究中详尽地指出，现代日语中敬意表现的演变可以划分为两大主要流派，即"敬意论"与"关系认知论"。这两大流派各自拥有独特的理论视角和阐释方法，共同构成了现代日语敬意表现研究的基本框架。首先，"敬意论"主张敬意表现主要基于对他人的尊敬和敬畏之情。在这一流派看来，敬意表现是通过特定的语言形式和表达方式，来体现说话者对听话者的尊重和敬意的。这种理论着重强调了敬意表现的情感色彩和道德内涵，认为敬意是人际交往中不可或缺的重要元素。其次，"关系认知论"则强调敬意表现与人际关系之间的密切关联。这一流派认为，敬意表现并非单纯基于个人情感，而是更多地受到社会结构和人际关系的影响。在"关系认知论"的视角下，敬意表现被视为一种社会行为，其形式和程度取决于说话者与听话者之间的相对地位、角色关系以及所处的社会文化环境等因素。

然而，值得注意的是，即便是主张"关系认知论"的时枝诚记，他也未能完全摆脱传统观念的影响。在他的理论中，他虽然强调了人际关系对敬意表现的影响，但在一定程度上保留了敬意表现，要么基于尊敬、要么直接表达尊敬的观点。这种传统观念在现代日语敬意表现研究中仍然占据一定的地位，也反映了敬意表现作为一种复杂的社会现象，其内涵和形式在不同理论和观点中呈现出多样化的特点。

通过时枝诚记的敬意表现法，我们确立了传统的日语敬意表现中最为常见的三种形式：尊敬语、谦让语以及礼貌语。这三种敬意表现形式，在日语的语境中扮演着至关重要的角色，它们共同构成了日语中独特的敬意表现体系。南不二男和林四郎在1974年出版的《敬语的体系》一书中，对这三种敬意表现形式进行了深入细致的剖析并且对这三种敬意表现形式做出了如下定义。

尊敬语，作为敬意表现的一种形式，主要用于对他人、第三方或所涉及的行为、存在、状态、性质或所有物表示敬意。它反映了日语使用

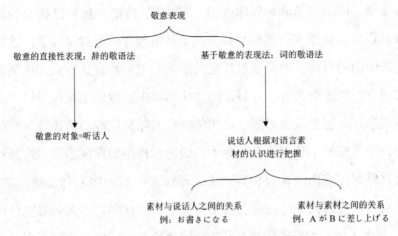

图 7-1 时枝诚记的辞与词的敬意表现法

者对他人尊重和敬重的态度，体现了日语使用者对长辈、上司或尊贵人物的敬重。在日语中，人们使用尊敬语不仅是对对方的尊重，还是对自己修养和文化水平的展示。

谦让语，同样是敬意表现的一种形式，它通过对说话人或说话人一方的行为、状态或所有物的谦辞，间接增加对被敬对象的敬意。这种表达方式在日语中非常普遍，它体现了说话者的谦逊和谨慎，同时也表达了说话者对对方的尊重和敬意。人们使用谦让语可以使交流更加和谐，避免冲突和误解。

礼貌语，作为敬意表现的另一种形式，主要适用于说话者身处正式场合。在这种场合下，说话者需要以一种非常郑重的心态来表达自己的礼貌和敬意。礼貌语在日语中是一种非常重要的社交工具，它可以帮助人们在正式场合中保持得体、尊重的态度，增进彼此之间的信任和好感。

作为日语中这三种敬意表现形式的上位概念，"敬语"的定义显得尤为重要。南不二男和林四郎认为，"敬语"特指一种经过精心构造和选择的语言表达形式，其核心特征在于其中蕴含的敬意与尊重。这种敬意并非空洞的言辞，而是通过特定的语法、词汇和表达方式，深刻体现了对对方的敬重与关怀。在日语的文化语境中，敬语不仅仅是语言的一种表现形式，还是社会习俗、文化传统和人际交往规则的体现。它如同一面镜子，反映了日本社会对尊重、谦逊和秩序的深深追求。这种追求不仅仅停留在表面的礼貌和客套上，还深入人们的内心和思维方式中。在当时，社会结构和价值观念在不断变化，但许多日本人仍然坚信敬语在表达对对方的尊重时具有不可或缺的地位。他们认为，敬语所具有的"区分阶级的语言"的性质特点，并不是为了强调社会等级或身份差异，而是为了更加精准地表达对不同身份、地位和角色的敬意。通过敬语的使用，人们可以更加清晰地感受到彼此之间的差异，从而更加尊重对方的身份和地位。

　　另外，自 20 世纪 90 年代以来，日本社会对敬意表现重要性的认同呈现出一个逐渐增长的趋势。在这个时代，日本的社会风貌与人们的观念正在发生深刻的变革，其中对敬意表现的看法便是其中之一。越来越多的人开始认识到，敬意表现不仅仅是一种简单的语言形式，还是一种能够深刻反映人际关系、增进彼此理解与尊重的重要工具。据日本在 2013 年进行的一次"关于国语的民意调查"结果显示，绝大多数受访者都表达了对敬意表现必要性的强烈认同。其中，表示"敬意表现是必要的"和"我认为在某种程度上是必要的"的受访者比例竟然高达 98%。与 2003 年的数据相比，这一比例有了显著的增长，显示了日本社会对敬意表现重要性的认识正在不断深化。与此同时，越来越多的日本人开始意识到，与传统的单向表达尊重相比，使用敬意表现来表达人际关系更加体贴和有效。他们认为，敬意表现不仅能够体现对对方的尊重，还能够通过微妙的语言变化传达出对对方的理解和关怀，从而加深彼此之间的情感纽带。

基于这一趋势，日本国语审议会相继发布了《今后的敬语》和《敬语的指针》这两份重要报告。这些报告不仅逐步扩大了敬意表现所反映的人际关系的范围，还深刻探讨了敬意表现的本质与功能。从最初的"认识到敬意表现反映的是上下级关系"，到逐渐认识到"敬意表现表达的是相互尊重"，再到最终提出"敬意表现是在相互尊重基础上的自我表达"的理念，这些报告为日本社会对敬意表现的理解提供了重要的理论支撑。基于这种"相互尊重"的敬意表现理念，日本的专家学者进一步对敬意表现进行了细致的分类。他们根据敬意表现的不同特点和功能，将其分为五类，以便更好地明确其在实际应用中的作用和效果。这种分类不仅有助于提升人们在社交场合中使用敬意表现的准确性和恰当性，还有助于推动日本社会在人际交往方面的进一步和谐与发展。

三、从《敬语的指针》看现代日语敬意表现的整体形象

菊池康人的研究中，关于"你对未来日语敬意表现的看法"这一问题的统计结果为我们提供了丰富的数据支撑。经过详细分析，我们发现仅有 26.1% 的受访者的回答接近"敬意表现应简单易懂，适合新时代"这一观点。这一比例相较于 1997 年的 41.4% 和 2004 年的 33.6% 呈现出明显的下降趋势。这一数据变化表明，随着时间的推移，越来越多的人对日语敬意表现的简单易懂化持保留态度。此外，2014 年的同一项调查研究还揭示了一个有趣的现象：高达 73.2% 的受访者认为当前的

日语杂乱无章。乍一看，这个比例相当大，似乎反映了日语敬意表现的混乱状态。然而，当我们将这一数据与 1999 年、2002 年和 2007 年的调查结果进行对比时，我们发现这一比例已经是最低水平了，整体呈现出逐渐下降的趋势。这意味着，仍有许多人认为日语杂乱无章，但这种情况正在逐渐得到改善。基于以上数据，我们可以得出以下结论：首先，人们并不希望当前日语的敬意表现过于简单易懂。这可能是因为敬意表现作为日语文化的重要组成部分，其复杂性和多样性在一定程度上反映了日本社会的礼仪文化和人际关系。过于简单易懂可能会削弱其文化内涵和社会功能。其次，敬意表现的误用现象时有发生，但随着知识水平的提高，情况会逐渐好转。这可能是由于随着教育的普及和语言知识的传播，人们对日语敬意表现的理解和运用能力得到了提升。在这一过程中，《敬语的指针》这一语言政策的传播被认为起到了重要作用。

日语的敬意表现自诞生之日起，便随着时代的变迁而不断演变，历经风雨，呈现出极为丰富的变化。这种变化不仅仅是语言形式的演变，还是社会文化、人际交往规则等多个层面相互作用的结果。在漫长的历史长河中，日语的敬意表现逐渐形成了自己独特的体系和特点，成为日本文化中的重要组成部分。在现代日语中，各种敬意表现的概念得到了更加明确和系统的定义。其中，《敬语的指针》这一语言政策文件，为我们理解和把握现代日语敬意表现提供了重要的参考。该政策详细阐述了敬意表现的定义、分类、使用规则等方面的内容，为我们构建日语敬意表现体系提供了坚实的理论基础。根据《敬语的指针》等一系列与敬意表现有关的语言政策，我们可以构建一个相对完整的日语敬意表现体系。这个体系不仅包括了各种敬意表现形式的分类和定义，还涉及了敬意表现在不同语境、不同人际关系中的使用规则和技巧。通过这个体系，我们可以更加深入地了解日语敬意表现的内涵和外延，更好地掌握其在实际运用中的方法和技巧。其具体的体系如下所示。

1. 敬意表现的定义。所谓的敬意表达，是指在各类沟通场景中，说话者经过深思熟虑，从众多可能的表达方式中精心挑选并恰当运用的一种特定语言表达形式。这种表达形式旨在体现说话者在交往过程中对对方人格和地位的深深尊重。它并非简单的语言堆砌，而是融合了语言技巧、文化理解和情感共鸣的复杂表达。

在敬意表达的基础上，敬意表现则更侧重根据不同的沟通场景和对象，选择最合适的语言表达方式。它要求说话者不仅要了解对方的文化背景、社会地位和个人喜好，还要能够准确地把握当前的沟通氛围和话题内容。只有这样，说话者才能构建出既符合语境又充满敬意的语言表达方式，使听话人或话题中涉及的人物感受到深深的尊重。敬意表现不仅仅是一种语言技巧，还是一种人际交往的艺术。它需要说话者具备敏锐的洞察力、丰富的语言储备和深厚的情感修养。通过巧妙的敬意表现，说话者不仅能够有效地传达自己的尊重之意，还能够促进双方关系的和谐与发展，为有效沟通和深入交流打下坚实的基础。

2. 敬意表现中的人际关系。敬意表现中的人际关系，实际上是一种灵活而富有深度的语言表达方式，并非固定不变的思维模式。在交流过程中，敬意表现更多的是根据个人的真实感受、与对方的关系状态以及当下的具体情况，进行选择和运用的。这种表达方式，通过不断丰富和复杂化，使我们能够更加精准地选择适合的语言，从而既尊重又能够真实地反映对方的个性和立场。可以说，敬意表现不仅是语言的艺术，还是人际关系的润滑剂。通过恰当使用敬意表现，我们能够更加细腻地感知和理解对方，同时也能够更好地表达自我，实现有效和深入的交流。这种交流不仅仅是信息的传递，还是情感的交流、理解和共鸣。更进一步说，人与人之间的关系，很多时候也是通过敬意表现来构建和表达的。例如，在职场中，通过恰当的敬意表现，我们可以表达对上级的尊重，对同事的友好，对下属的关心；在家庭中，通过敬意表现，我们可以表达对父母的孝敬，对配偶的爱意，对子女的关爱。这些敬意表现，不仅有助于我们建立良好的人际关系，还能够增进彼此之间的信任和情感纽带。

3. 敬意表现的作用。敬意表现的作用，不仅在于促进语言交流的顺利平稳进行，还在于它能够深刻反映说话人对当时现场情况以及人际关系的敏锐感受。在人际交往中，敬意表现是一种高度敏感且富有弹性的语言工具，它能够帮助说话者根据场合、对象以及关系的微妙变化，灵活调整自己的表达方式，来达到最佳的沟通效果。通过敬意表现，说话者能够向听话者传递出对对方的尊重、理解和关怀。这种尊重并非空洞的礼节性表达，而是建立在深入了解对方需求、性格和情感基础上的真挚体现。在敬意表现的作用下，语言交流不再是单向的信息传递，而是双方情感与思想的深度交融。同时，敬意表现还能够有效缓解紧张氛围，增强人际关系的和谐与融洽。在面对冲突或敏感话题时，恰当的敬意表现能够化解尴尬，拉近彼此的距离，使对话双方更容易达成共识和理解。这种作用在跨文化交流中尤为显著，敬意表现能够帮助不同文化背景的人们建立相互尊重、平等交流的基础。

4. 使用敬意表现的态度。在学习如何使用敬意表现时，我们必须保持一种谨慎而开放的态度。首先，我们要避免明显的误用或过少使用敬意表现。敬意表现的使用应当恰到好处，既要体现出对对方的尊重，又要避免过于生硬或过分恭维。我们如果误用敬意表现，可能会导致交流时的尴尬或误解，甚至可能破坏人际关系。过少使用敬意表现，则可能让对方感受到忽视或不尊重，同样不利于有效沟通。其次，我们要避免将所介绍的内容作为唯一的绝对标准。敬意表现是一种灵活的语言表达形式，其使用方式会因不同的文化、社会背景以及具体情境而有所差异。因此，在学习过程中，我们应该保持开放的心态，结合实际情况进行灵活运用。同时，我们也要不断积累经验和不断进行反思，逐渐提高自己的敬意表现水平。

　　5. 敬意表现的构成。具体来说敬意表现主要包括五种类型：尊敬语、谦让语Ⅰ、谦让语Ⅱ、礼貌语和美化语。每一种类型都有其特定的定义和应用场景，这些共同构成了日语中丰富而细腻的敬意表达体系。尊敬语，顾名思义，主要用于对他人或第三者的行为、事情或状态进行陈述，其特点在于通过抬高对方的地位来体现尊敬之情。这种表达方式通常用于表达对长辈、上级或尊贵人物的敬意，体现了说话者对尊卑有序的深刻认识。谦让语Ⅰ则侧重从己方向对方或第三方施加的行为、事情等进行陈述。与尊敬语不同，谦让语Ⅰ虽然描述的是己方的行为和事物，但仍需要抬高对方的地位，以表示对对方的尊重和恭敬。谦让语Ⅱ更侧重向对方或第三者郑重地描述己方的行为、事情等。它强调了对己方行为的谦逊和谨慎态度，同时也体现了对对方的尊重和重视。这种表达方式在正式场合或重要场合中尤为常见，有助于营造庄重而和谐的氛围。礼貌语则是一种广泛应用于各种场合的敬意表达方式。它不仅仅是对听话人或文章中涉及的对象使用礼貌用语，还是一种对他人的尊重和关心的体现。通过使用礼貌语，人们可以在交流中传达出友好、亲切和尊重的情感，从而增进彼此之间的了解和信任。最后，美化语是一种以美化的方式描述事物的语言。它通过对事物的美化表达，使交流更加生动有趣，同时也体现了对事物的赞美和喜爱之情。综上所述，我们可以发现日语敬意表现的内涵发生了巨大的变化，其不再是以单纯的尊重为目的的语言表达，而是一种为了使交流顺利进行、通过尊重对方的方式进行陈述的语言表达形式。这五种类型的敬意表现相互补充、相互交织，共同构成了日语中独特而丰富的敬意表达体系。

本章的核心内容是深入探讨日语中的敬意表现，尤其是那些关注敬意表现如何随时间演变的研究。我们深入剖析了敬意表现性质的细微变化，并试图揭示这些变化背后的原因。日本的敬意表现历史，曾经历过一个大众化的阶段。在这一阶段，随着敬意表现使用门槛的降低，其普及程度得到了显著提升。然而，这也带来了一些问题。当敬语变得更为容易使用时，滥用的情况也随之出现。一些人可能在不适当的场合过度使用敬意表现，或者在不需要使用敬意表现的场合使用，导致交流变得生硬或不自然。这种滥用敬意表现的趋势，无疑对日语的敬意表现体系构成了一定的挑战。

然而，值得欣慰的是，日本的敬意表现并没有因此沉沦。相反，它成功地克服了这一阶段的困境，并焕发出新的生机。如今，敬意表现已经成为日语的一大特征，熠熠生辉。它不仅在正式场合发挥着重要的作用，还在日常生活中扮演着不可或缺的角色。更重要的是，新的语言政策的出台，为敬意表现的使用带来了更多的灵活性和可能性。这些政策鼓励人们在使用敬意表现时，不再受传统固定观念的束缚，而是更加注重与人际关系的协调。这意味着，我们可以根据具体的交流场景和人际关系，灵活选择合适的敬意表现方式，来达到更好的沟通效果。这种变化不仅有助于我们更深入地理解敬意表现的本质和内涵，还有助于减少所谓的"敬意表现之乱"的情况发生。在接下来的一章中，我们将充分借助日语敬意表现领域的丰富研究成果，对中文敬意表现未来可能发生的变化进行科学的预测。这样的跨语言研究，不仅有助于我们更深入地理解敬意表现的本质，还能为中文敬意表达的未来发展提供有益的启示。

第八章

现代中文敬意表现的整体形象

　　经过对前几章相关研究和现状调查的细致梳理，我们不难发现现代中文在敬意表现使用方面确实存在着一系列亟待解决的问题。首先，现代中文中的敬意表现认知显得相当混乱。普通词语与敬意表现词语之间的界限模糊不清，使人们在日常交流中难以准确区分。同时，各种敬意表现的概念也缺乏明确的定义和解释，导致人们在理解和运用时常常感到困惑。此外，随着语言的不断发展变化，传统的敬意表现表达方式虽然仍在频繁使用，但其所蕴含的礼貌感却越来越难以被现代人所感知。在现代中文语法体系中，人们对敬意表现的探讨并不深入，往往只停留在"敬"字的字面意义上，强调"尊重他人"，而忽略了其他表达尊重的方式，如谦虚、谦让和委婉表现等，这些同样重要的表达方式在语法体系中并未得到应有的关注。

　　其次，人们当前对敬意表现的研究角度过于单一，主要关注说话者对说话人的态度，而忽视了说话者地位的提升或改变对敬意表现的影响。这种局限性导致敬意表现所反映的人际关系变得模糊不清，无法明确界定。在使用敬意表现时，由于人际关系的不确定性，我们往往难以判断说话人是在向听话人展示自己的地位，还是在表达礼貌之情。这种不确定性使敬意表现的界定变得异常模糊，也增加了人们在交流中的误解和冲突。

最后，中文使用者尽管能够识别并积极使用中文中的敬意表现，但在实际运用过程中仍然存在着明显的误用现象。第五章的问卷调查结果显示，很多中文使用者在使用敬意表现时容易将委婉语和谦辞的作用混淆。这种误用倾向不仅影响了敬意表达的准确性和有效性，还可能导致交际双方的误解和沟通障碍。造成这种现象的原因，我们尚不清楚，但可能与语言习惯、文化背景以及教育水平等多种因素有关。

正如我们在第七章深入探讨的那样，日语的敬意表现通过澄清各种相关概念，为我们提供了更深刻的理解。与此相似，中文的敬意表现不仅具备自我表达的属性，还展现了一种微妙的平衡，即通过采取谨慎的态度，尽量避免明显的误用，从而逐步减少敬意表现中的不当使用。这种微妙的平衡感体现了中文敬意表现的独特之处，使其在交际中既能够表达尊重，又能够避免不必要的误解。通过借鉴日语敬意表现的成熟体系，我们可以为中文的敬意表现建立一套更加完善的框架。这样的体系不仅有助于我们更准确地理解和运用中文的敬意表现，还有望消除在交流中出现的误用现象，提高交际的效率和准确性。构建这样一个体系，我们首先需要回顾中文的传统分类，从中提炼出建立中文敬意表现的基本要素。

一、重新定义敬辞和谦辞的分类

第四章对中文敬意表现的深入分析揭示了敬语因其直接指示性和鲜明的标记性而具备系统化的可能性。然而，要实现这一目标，我们首要的任务是深入探究敬意表现的语法结构。在日语中，敬意表现的使用相对直观和固定，通过词形的变化来构成具有特定敬意的句子，如尊敬语的表达形态"お~になる"和谦让语的表达形态"お~する"。这些固定的表达方式使日语的敬意表现易于理解和应用。相比之下，中文的敬意表现则显得更为复杂和多样。在中文中，即使要表达对方的同一个动作，由于语境、对象以及说话人身份的不同，所构造的句子也会有所差异。例如，对动词"来"的表达，人们就有"莅临"和"光顾"等多种不同的敬意表达方式。这种非固定形式的句子使中文的敬意表现难以被简单归类和系统化。

然而，这并不意味着中文的敬意表现就无法进行系统化。从第五章的现状调查中我们可以看出，中文的敬意表现形式多样，但只要我们能够明确句子的敬意表现属性，就能够对其正确性进行判断。因此，我们可以说现代中文中同样存在敬意表现的固定表达。我们只要能够找到这些具有标记性的固定表达，就可以通过标志性的谦词和敬词来确立敬意表现。不过目前，敬词和谦词的界定仍然是一个尚未明确的问题。这需要我们进一步深入研究中文的语法结构和语言习惯，明确敬词和谦词的使用范围和界限。

在人们的普遍认知当中，敬意表现往往被视为一种礼貌用语，它是对语言的点缀和修饰，与整个语言系统的内在结构和规律似乎关系不大。然而，洪成玉指出了敬意表现实际上具备不可忽视的系统特征。他对敬意表现进行了深入的剖析，他将"谦辞"这一概念界定为在言语交际中用以谦逊地称呼自己或与自己相关的人或事物，而"敬辞"则是指用来恭敬地称呼他人或与他人相关的人或事物。在这样的定义下，洪氏甚至将"谦辞"也纳入了敬意表现的表达方式之中，从而进一步拓宽了我们对敬意表现的认识。除此之外，洪成玉还提出了"委婉语"

的概念，这是一种通过使用间接的词汇来表达原本可能直接而尖锐的意思的语言形式。这种表达方式在敬意表现中也占据着重要的地位。基于这些定义和认识，洪成玉进行了大量的文献收集和词条整理工作。他从《辞源》《汉语大词典》等权威辞书中，以及三国以前的文学作品和7000余封书信中，精心挑选并收录了约3800个与敬意表现相关的词条。这些词条，包括了639个谦词、1404个敬词和1060个婉词，为我们呈现了一幅丰富而细致的敬意表现词汇图谱。

洪成玉的这种方法为我们确认敬意表现的历史演变提供了有力的证据，但我们也必须清醒地认识到，这些词条中的许多表达方式在现代社会中已经很难再被使用，甚至已经成为不再使用的死词。这意味着，我们面临着一项紧迫而重要的任务，那就是对现代中文中的敬意表现进行系统的整理和研究。

在本书的撰写过程中，我们特地选用了最能反映当代中文生活面貌的《现代汉语词典》作为语料分析的主要工具。我们所采用的版本，是《现代汉语词典》第六版，它汇聚了现代中文的精华，为我们提供了丰富而准确的语料资源。根据《现代汉语常用词表》课题组在2008年进行的研究，中文的常用词数量达到了惊人的56 008个，其中主要包括单音节词和双音节词。这些常用词是中文语言生活的重要组成部分，也是我们研究中文敬意表现不可或缺的基础。可以说，《现代汉语词典》作为一部权威的汉语词典，不仅收录了众多的常用词汇，还反映了中文的语言特点和文化内涵。因此，在本书的研究中，我们充分利用了《现代汉语词典》的资源，对其中的语料进行了深入的分析和挖掘。

值得注意的是，中文中的敬意表现多种多样，但现有的研究往往更多地关注称呼的敬意表现，而对非称呼敬意表现的探讨却相对较少。这种情况在一定程度上限制了我们对中文敬意表现的全面理解。实际上，从语法结构的角度来看，中文中的敬意表现并不仅仅局限于名词的范畴。名词虽然在建立敬意表现的语法规则方面起着重要的作用，但动词和副词同样也具有不可忽视的地位。这是因为敬意表现的本质是提升听话人的地位，而这种提升不仅体现在对对方身份和事物的表达上，还体现在对对方举止和行为的描述上。

因此，为了使中文敬意表现更加系统化，我们必须更加全面地考虑动词和副词的作用。同时，由于语气词的敬意表现已经得到了较多研究的关注，本书将更多地聚焦于非语气词的敬意表现上，以期在这一领域取得新的突破和进展。

（一）现代中文词典中的敬意表现

《现代汉语词典》作为一部权威的中文工具书，对中文中的敬意表现进行了细致的分类，主要包括"敬辞""谦辞""客套话"和"婉辞"四类。

敬辞通常用于表达对他人或事物的尊敬和敬意，如"敬礼""敬请"等。在交际中，说话人使用敬辞可以体现出说话人的礼貌和教养，使对话更加和谐、得体。谦辞则是表示谦虚的言辞。这类词语通常用于表达说话人对自己的谦虚和低调，如"拙见""不才"等。谦辞可以体现出说话人的谦虚品质，有助于建立良好的人际关系。客套话是指表示客气的言辞。这类词语在社交场合中尤为常见，如"久仰大名""幸会幸会"等。客套话的使用有助于拉近人与人之间的距离，增进彼此的感情。婉辞则是指婉转的话。与客套话略有不同的是，婉辞更侧重通过委婉、温和的表达方式来避免直接冲突或伤害他人的感情，如"委婉地拒绝""用婉辞提醒"等。婉辞的使用有助于营造和谐、融洽的交际氛围。

然而，在这四类敬意表现中，客套话和婉辞的区分似乎有些模糊。从定义上看，"表示客气的言辞"和"婉转的话"似乎有一定的相似性，但仔细分析，我们可以发现它们之间的微妙差异。客套话更多地侧重礼貌和社交场合的需要，而婉辞则更侧重表达方式的委婉和温和。就客套话而言，它与敬辞和谦辞一样，都是基于说话者所要传达的意图而确定的语言表达。无论是敬辞、谦辞还是客套话，它们所传达的意图都是针对某个特定的对象或场合的。这些表达方式的对象尽管并不确定，但它们都体现了说话者的礼貌和尊重。

相比之下，婉辞的定义则更加侧重词语本身的性质。一个词语如果被认为是婉辞，那么它必须具备"委婉而温和"的特点。这种特点并不依赖说话者的意图，而是词语本身所固有的属性。因此，即使说话者无意使用婉辞，只要词语本身符合"委婉而温和"的标准，它也可以被视为婉辞。

此外，婉辞的含义相对稳定，不会因为说话人意图的改变而改变。例如，在日语中，"お亡くなりになる"是一个表达死亡的敬语。虽然用中文直接指代死亡可能显得不礼貌，但在某些情况下，我们仍然需要谈论这个话题。这时，我们可以使用"长眠"这样的隐喻性词语来委婉地表达死亡的意思。这个词语的意思是"进入非常长期的睡眠"，是对人死亡的敬称，且该词不会因为语境的变化而改变其含义。这里我们用两个例句来说明：

1. 那里是藏东泥石流区，她正把笑模笑样的圆脸面向同伴，突被一枚飞石击中太阳穴，由此长眠不醒。

2.11 日 6 时 55 分，医生无回天之力，我们敬爱的邓大姐安详地长眠了。

这两个句子中均巧妙地运用了"长眠"这一隐喻手法，以文雅的方式对"死亡"进行了描述。然而，由于句子的语境和所针对的人物关系不同，同一个词语在表达上既展现了美化的特性，又蕴含了尊重的意味。在第二个句子中，我们明确看到了"邓女士"的状态被温和地表述为"长眠"，这不仅是对她离世事实的委婉陈述，还从"大姐"这一称谓中透露出她的社会地位。她的年龄、背景以及丰富的工作经验都显示出她在说话人心目中的崇高地位，两人之间还存在着深厚的人际交往关系。因此，这种表达方式实际上是说话人出于对邓女士的敬意，而特意选择的一种更为温和、不那么直接的方式来告知她的死讯。

在第一个句子中，由于说话人与听话人之间的关系并不明确，且从上下文来看，这更像是一个对事实情况的客观陈述，而非针对特定个体的情感表达。因此，该句尽管同样使用了"长眠"这一比喻，但在这里更多的是为了避免直接提及"死亡"这一敏感词汇，以免给读者带来不适。作者并没有特意对"她"的离世进行美化或委婉处理，而是采用了比较中性的表述方式。从语义层面来看，无论是例句 1 还是例句 2，它们都通过对"死亡"这一残酷现实的隐喻化处理，使其以一种更为温和、可接受的方式呈现在读者面前。无论是出于尊重还是出于避免直接冲击，这种表达方式都在一定程度上美化了"死亡"这一难以言说的现实。我们不难发现，在涉及人与人的沟通时，对带有负面性质的词汇，现代中文天然具有将其美化或委婉处理的特性。有时是出于对话题人物的尊重，有时是单纯避免给听话人或读者造成不适。

相比之下，"客套话"作为一种言语交际的手段，其应用范围是相对局限的，它们通常只在特定的语境中才能够有效表达礼貌。就拿"屈就"这个词来说，在《现代汉语词典》中，它被明确定义为"客套话，用于请人担任职务"。简而言之，这个词主要用于礼貌地邀请某人担任某个职务。然而，这种礼貌的表达方式并非在所有情况下都适用。特别是在说话人和听话人之间的人际关系不够明确的情况下，这种客套话所蕴含的礼貌用意就变得模糊起来，甚至可能完全失去其原有的意义。

为了更具体地说明这一点，我们可以比较下面两个句子。

1. 受过高等教育的人的失业率越来越高，普通的工作少有人屈就，不得不从国外大量进口劳务。

2. 继寄凡先生而来任教的，是歙县程庚白先生，奉化邬显章先生，他们的屈就，多半是为了仰慕校长江村先生的名声，带着一点游学的意思的。

在第二句中，我们可以清晰地看到"程先生"和"邬先生"这两位主体主动前往学校任教的动作。从上下文的语境中，我们不难推断出，这两位老师之所以会来到学校执教，是因为他们受到了某种邀请，而这种邀请背后，又隐含着对他们专业能力和教学水平的认可与期待。两位老师也积极响应了这份邀请，决定来到学校贡献自己的知识和智慧。通过对这一动作的细致描述，作者不仅将程庚白先生和邬显章先生置于了一个受人尊敬和仰望的高度，还以一种委婉而优雅的方式，表达了对他们教学才华和品质的赞誉。

然而，在第一句中，情况却截然不同。这里所描述的并非某个具体个体的求职行为，而是对一类人群——受过高等教育且面临失业困境的人们——的普遍现象进行了概括。该句的主语并不明确，我们无法确定是谁在求职，也无法明确求职的具体对象和情境。因此，这个句子中的"求职"行为就显得相对笼统和抽象，缺乏具体的事件顺序和语境背景。这种表达方式虽然能够概括性地描述一种社会现象，但却无法像第二句那样，通过具体的人物和事件，展现求职者的个性、动机和选择。因此，第一句的含义也就相对简单，更多的是在描述一种"找工作"的普遍行为，而非像第二句那样，能够深入揭示人物背后的故事和情感。这些纷繁复杂的语境，使"婉辞"与"客套话"在表达敬意时无法被简单地归为同一类别，这是因为它们各自所承载的含义和用途存在着显著的差异。在深入探讨中文中敬意表现的表达方式时，我们不禁将其与日语的相关表达进行比较。

通过这种对比，我们可以清晰地看到，"敬辞"在中文中的功能与日语中的尊敬语颇为相似，它们都是用来表达对他人的尊重和敬意的一种语言形式。同样，"谦辞"与日语中的谦让语也呈现出相似的特点，都体现了说话者对己方人、事、物的谦逊表达和对他人的尊重。然而，"婉辞"与"客套话"则展现出了不同的面貌。它们尽管都在一定程度上体现了对对方的尊重和礼貌，但"婉辞"更多地倾向用委婉的方式表达某种意思，来避免直接冲突或伤害对方的感情，这与日语中的美化语有着异曲同工之妙。"客套话"则更多地表现为一种社交礼仪上的用语，它可能并不直接涉及对对方的尊重或谦逊，而是用来营造一种和谐、融洽的交际氛围。这种独特性使"客套话"在中文中成了一种独特的敬意表现方式，它既具有敬意表现的特点，又融入了日常用语的灵活性。

为了更深入地了解这些敬意表达方式在中文中的使用情况，我们对《现代汉语词典》进行了全面的梳理。在这本收录了大量中文词汇的词典中，我们发现共有 181 个词语被明确定义为"敬语""谦辞""客套话"和"委婉语"，这些词语在总数近 7 万个的词汇中占据了约 0.26% 的比例。这一数据从一个侧面反映了中文在表达敬意时的丰富性和多样性。

进一步从各类词的数量来看，我们可以发现敬辞的数量最多，达到了 91 个，这反映了在中文中人们对尊重他人的重视。谦辞虽然数量相对较少，但也有 26 个，它们在日常交际中同样发挥着不可或缺的作用。"客套话"和"委婉语"则各有 39 个和 24 个，它们以各自独特的方式为中文的敬意表达增添了色彩。此外，我们还从语用的角度对这些词语进行了分类。其中，动词词条占据了绝大多数，共有 127 个，这可能是因为动词在表达行为、动作时更具灵活性和多样性，能够更好地体现敬意表达的细微差别。名词词条和形容词词条则分别有 45 个和 8 个①，它们虽然数量较少，但在构建敬意表达的整体框架时也发挥着不可或缺的作用。

由此可见，使用那些标记为敬意表现的特定词汇——"敬辞""谦辞""客套话""婉辞"等，虽然在理论上很容易构成敬意表达，但在实际的语言运用中，我们却很难在现代中文中频繁地找到它们的身影。这并非意味着这些词汇在现代中文中已经完全消失或被替代，而是它们的使用频率和范围似乎有所缩减。这种现象背后的原因，目前尚不十分清楚。但在本书的探讨中，我们提出了一个可能的解释：这些标记性词汇的定义与它们实际在语言中发挥的敬意表现作用之间存在一定的分歧。简单概括一下，"敬辞"通常被定义为对他人表示尊敬的言辞，但在实际使用中，人们可能更倾向通过语气、语调或整体语境来表达敬

---

① "方便"一词既有动词词性，也有形容词词性，每个词性都有不同的含义，因此该词计算了 2 次。

意，而非直接使用这些词汇。同样，"谦辞"虽然在理论上用于表达自谦，但在现代社会的交流中，人们可能更倾向直接、坦诚地表达自我，而非过分强调自谦。至于"客套话"和"婉辞"，它们在实际运用中可能更多地受社会文化、交际场合和个人习惯等因素的影响，而非简单地按照定义来使用。因此，我们认为，这些标记性词汇的定义与它们在实际语言中的使用之间的分歧，是导致它们在现代中文中难以被频繁找到的一个重要原因。下一节，我们将具体分析这种分歧。

（二）标记性词汇定义与作用的分歧

在整理《现代汉语词典》中的敬意表现标记性词汇时，我们遇到了一些令人感到不自然的词语，尤其是单字敬辞"拜"和由"拜"字组成的双音节词。"拜"字在词典中的定义如下：

【拜】敬辞，用于人际交往。

属于"拜"类敬意表现的分类和含义见下表。

表 8-1   "拜"字词群敬意表现及其含义

分类	词性	单词	基本含义
敬辞	动词	拜别	告别
		拜辞	
		拜读	阅读
		拜访	访问
		拜服	佩服
		拜贺	祝贺
		拜见	见面
		拜识	认识（人）
		拜托	委托
		拜望	探望
		拜谢	感谢

　　敬辞在中文与日语中的尊敬语具有相似性，因此我们可以推测，中文中的敬辞在很大程度上应与日语中"以个人名义对对方或第三者的行为、事物或状态的陈述"这一尊敬语的敬意表现概念相吻合。中文和日语在语言表达上存在一些差异，但当我们尝试将中文的敬辞转化为对应的日语表达时，理应采用尊敬语的形式，如"お別れになる"和"お読みになる"等，这些都是典型的日语尊敬语表达方式。然而，在仔细分析实际的例句后，我们却发现了一个有趣的现象。很多地方所标注的"敬辞"并不完全符合我们之前对尊敬语的理解，反而接近日语中的谦让语。这种情况引发了我们的深入思考：是否中文的敬辞在实际运用中，其敬意表现方式比我们所想象的更为复杂多样？我们以"拜读"为例，分析一下"拜~"的敬意表现。

　　我们如果将"拜读"这一表现视为符合尊敬语概念的敬辞，那么它必须满足两个核心要素：首先，行为的主体必须是"对方或第三方"，也就是说，这一行为是由对方或第三方来执行的；其次，在描述这一行为时，必须体现出对对方或第三方地位的抬升，来显示对其的敬重。这两个要素是构成尊敬语的基础，缺一不可。北京大学现代中文语料库收录的资料，总共有290个句子使用了"拜读"这一词汇，但深入分析后我们发现，仅有13个句子的主语是"对方或第三方"。换言之，在绝大多数情况下，句子的主语是"我"，或者尽管主语被省略了，但根据上下文我们可以明确判断出说话人是"我"。这一数据现象至少从数量上表明，"拜读"这一行为在实际使用中，其主体更倾向是"我"，而非"对方或第三方"。因此，我们很难说"拜读"在实际应用中，有针对"对方或第三方"的明确用法。这一发现引发了我们对"拜读"这一词汇敬意表现方式的深入思考。或许，在实际的语言运用中，"拜读"虽然带有敬意的色彩，但其行为主体和敬意指向并不完全符合敬辞的定义。我们再对 13 个主语是"对方或第三方"的例句取样进行进一步分析：

1. 看，如此庞大的读者群啊，就是专来拜读这册无纸的书，这册无字的课本。

2. 杨修弄巧成拙，竟致此书被焚，后人无缘拜读，可惜得很。

在例句 1 中，动作的主体并未明确指出，而是采用了较为宽泛的"读者"一词，这使我们无法准确判断是谁在进行阅读这一行为。然而，当我们深入剖析整个语境时，我们会发现将行为主体"读者"的地位进行抬升，在这里并没有太大的实际意义。在《敬语的指针》这本著作中，专家明确指出，使用尊敬语的心理动机主要在于通过充满诚意的描述来展现对对方的尊重，或是在心理上与对方保持一定距离，以此来强调和凸显对方的地位。然而，在例句 1 中，我们并未看到说话人试图将动作主体"读者"置于高位来进行陈述。相反，我们更多的注意力似乎放在了"书"这个词上，似乎是在强调这本书因为受到了广大读者的喜爱和阅读而备受重视。因此，从这个角度来看，例句 1 中的"拜读"并没有将动作主体"读者"的地位抬高进行描述，而是更多地关注了书籍本身的价值和受欢迎程度。基于这样的分析，我们认为在这个例句中，"拜读"并不能被视作尊敬语来处理。这可能是因为"拜读"一词在这里的使用更多的是一种习惯用法，而非严格意义上的尊敬语表达。

在例句 2 中，"拜读"的行为主体是"后人"，这在一定程度上可以理解为后人在心理上与古人"杨修"拉开了距离。尊敬语的一个核心要素是将动作的主体或地位被抬升的人置于高位，以此来展现尊重。

然而，若要"拜读"在这里起到类似尊敬语的作用，其动作的主语和地位被抬升的人必须是一致的，也就是都必须是"杨修"。然而，仔细分析这个句子，我们可以看到动作的主体实际上是"读者"，也就是后人中的个体，而地位被抬升的人则是"杨修"。"杨修"尽管作为"对方或第三方"在句子中受到了尊敬，但他的动作，"被拜读"并没有在被提升地位后进行描述。换句话说，尊敬的对象是"杨修"本身，而非他的"被拜读"这一行为。因此，"拜读"在这里表现出对古人的尊重，但它并没有将动作主体或行为本身置于高位，所以这里的"拜读"并不能被完全视为尊敬语。这可能是因为"拜读"一词在这里更多地承载了后人对前人的敬仰之情，而非严格意义上的尊敬语表达。

如上所述，当深入探讨"拜读"这个词语时，我们不难发现尽管它在表面上被归类为"敬辞"，但实际上却蕴含着浓厚的谦让语色彩。这种分类的模糊性导致了它在实际使用中的混乱和误解。值得注意的是，在日语的敬意表现体系中，与"拜读"含义相近的"拝読する"被明确地归类为谦让语。这进一步印证了"拜读"在本质上更倾向表达一种谦逊的态度，而非单纯的敬意。因此，我们可以得出结论，中文中的"拜读"一词被归类为敬辞并不准确。它实际上更多地体现了谦让语的特质，即在表达敬意的同时，也展现了说话者的谦逊和低调。

此外，当深入探讨中文中的语言表达时，我们会发现"谦辞"和"客套话"这两种表达方式在分类和性质上存在着显著的差异。我们以之前提到的例句为例："继寄凡先生而来任教的，是歙县程庚白先生，奉化邬显章先生，他们的屈就，多半是为了仰慕校长江村先生的名声，带着一点游学的意思的。"这个句子不仅展示了尊敬语的性质，而且明确区分了它与"客套话"的不同。在这个句子中，主语是"程先生"

和"邬先生",而被提升地位的对象同样是他们两位。这种结构清晰地体现了尊敬语的特征,即通过提升对方的地位来表达敬意。

然而,敬意表现词汇在定义和作用之间存在差异,以及有时构词法本身会给说话人带来不同于传统定义的影响,这可能导致在敬意表现中人际关系的混淆,从而产生误用。例如,某些词汇可能原本属于"敬语"范畴,但在实际使用中却可能被误认为是"客套话",或者反之。这种混淆不仅影响了语言表达的准确性,还阻碍了敬语系统的规范化。为了解决这一问题,并使中文中的敬语体系更加系统化,我们有必要重新审视"敬语""谦辞""客套话"和"委婉语"等概念的定义。通过明确每个概念的内涵和外延,我们可以更准确地理解和运用这些表达方式,从而避免在交际中产生误解和冲突。

（三）现代中文敬意表现表达方式的体系化样态

如上所述,由于敬语的定义与作用之间存在差异,中文敬语体系尚未能够形成一个系统化的框架,这导致了在实际使用中误用现象屡见不鲜。为了更好地理解和应用敬语,我们有必要参考其他语言的敬意表现体系。前文提到的日语中的尊敬语、谦让语和美化语等概念为我们提供了有益的启示。基于这样的思考,我们重新梳理了《现代汉语词典》中出现的181个敬意表现词汇。这一过程并非简单罗列,而是根据敬意的表现要素进行了深入的分析和整理。我们试图挖掘每个词汇背后的深层含义,理解它们在不同语境中所传递的敬意程度以及可能产生的微妙变化。在整理过程中,我们越来越感受到有些词汇的定义和作用存在的分歧。这些词汇在不同的语境中可能表现出不同的敬意倾向,使我们在理解和使用时感到困惑。为了解决这一问题,我们特别将这些存在分歧的词汇整理出来,并制作了表8-2。

表 8-2　敬意表现定义与作用参照表

序号	单词	词性	现代汉语词典中的分类	按敬意表现作用分类
1	拜别	动词	敬辞	谦让语
2	拜辞	动词	敬辞	谦让语
3	拜读	动词	敬辞	谦让语
4	拜访	动词	敬辞	谦让语
5	拜服	动词	敬辞	谦让语
6	拜贺	动词	敬辞	谦让语
7	拜见	动词	敬辞	谦让语
8	拜识	动词	敬辞	谦让语
9	拜托	动词	敬辞	谦让语
10	拜望	动词	敬辞	谦让语
11	拜谢	动词	敬辞	谦让语
12	璧谢	动词	敬辞	谦让语
13	拨冗	动词	客套话	尊敬语
14	不情之请	名词	客套话	谦让语
15	呈正	动词	敬辞	谦让语
16	承蒙	动词	客套话	尊敬语
17	承情	动词	客套话	尊敬语
18	存正	动词	客套话	尊敬语
19	错爱	动词	谦辞	尊敬语
20	奉达	动词	敬辞	谦让语
21	奉复	动词	敬辞	谦让语
22	奉告	动词	敬辞	谦让语
23	奉还	动词	敬辞	谦让语

续表

序号	单词	词性	现代汉语词典中的分类	按敬意表现作用分类
24	奉陪	动词	敬辞	谦让语
25	奉劝	动词	敬辞	谦让语
26	奉托	动词	敬辞	谦让语
27	奉赠	动词	敬辞	谦让语
28	贵恙	名词	敬辞	区别对待表现
29	过奖	动词	谦辞	尊敬语
30	见教	动词	客套话	尊敬语
31	见谅	动词	客套话	尊敬语
32	进言	动词	敬辞	谦让语
33	偏劳	动词	客套话	尊敬语
34	赏光	动词	客套话	尊敬语
35	赏脸	动词	客套话	尊敬语
36	少礼	动词	客套话	谦让语
37	少陪	动词	客套话	谦让语
38	哂纳	动词	客套话	尊敬语
39	哂正	动词	客套话	尊敬语
40	失陪	动词	客套话	谦让语
41	失迎	动词	客套话	谦让语
42	识荆	动词	敬辞	谦让语
43	叨光	动词	客套话	谦让语
44	叨教	动词	客套话	谦让语
45	叨扰	动词	客套话	谦让语
46	屈就	动词	客套话	尊敬语

续表

序号	单词	词性	现代汉语词典中的分类	按敬意表现作用分类
47	屈尊	动词	客套话	尊敬语
48	托福	动词	客套话	尊敬语
49	相烦	动词	客套话	尊敬语
50	谢绝	动词	婉辞	谦让语
51	谢却	动词	婉辞	谦让语

　　经过深入地梳理与分析，我们最终发现，共有 51 个敬意表现词语在定义与作用上存在显著的差异。具体而言，其中有 24 个词错误地将谦辞和美辞视作"敬辞"，而另有 23 个词则误将敬辞与谦辞归类为"客套话"。此外，还有 2 个词分别将敬辞和谦辞当作"谦虚辞"和"婉辞"。这些存在分歧的词语数量约占敬辞分歧表达总数的三分之一，这一比例相当显著，不容我们忽视。

　　在第四章中，我们深入探讨了敬意表现的语言要素，试图从语义结构的角度对这些要素的从属关系进行细致的分类。在此过程中，我们特别借鉴了日语敬意表现的研究方法，以期更准确地揭示中文敬意表现的构成要素。基于这些构成要素，我们期望提出一套更加合理且贴近中文实际的敬意表现定义。具体而言，当我们在使用中文进行沟通时，语言主体针对对方、特定情境或事情脉络所精心挑选并使用的语言表达，我们称之为"礼貌用语"。作为礼貌用语的一个子集，"尊敬辞""谦让辞"和"美化辞"等那些旨在表达尊敬的语言表达，我们统一将其归类为"敬意表现"。

　　所谓的"尊敬辞"，其核心含义在于语言主体在交流过程中，充分考虑并尊重对方或与己方关系较远的人的地位。具体而言，尊敬辞的运用涉及提高对方或相关人的主体地位，使其在对话中占据更为显要的位置。为实现这一目标，语言主体会采用更加正式、庄重的表达方式，以此来彰显对对方的敬意和尊重。尊敬辞在实际应用中的功能主要体现在指代他人或与他人相关的人或事上。当我们需要提及或讨论与对方相关的人或事时，尊敬辞的使用便显得尤为重要。它不仅能够准确、恰当地表达出对对方的尊重和敬意，还能够有效地拉近彼此的距离，增进彼此之间的友好关系。值得注意的是，尊敬辞的使用并非随心所欲的，而是需要遵循一定的规则和原则。首先，它必须建立在真诚、尊重的基础上，不能带有任何虚伪或敷衍的成分。其次，它还需要根据具体的语境和情境进行调整和变化，来确保其表达效果的最佳化。

所谓的"谦让辞"，是指语言主体在与关系较近的人进行交流时，主动降低自己的主体地位，来展现谦逊态度的一种语言表达方式。这种表达方式的选择，体现了语言主体对与己方关系亲近者的尊重和谦逊。在运用谦让辞时，语言主体通常会采用更加正式、规范的表达方式，来凸显自己的谦逊和对对方的尊重。谦让辞的主要应用场景是当语言主体需要提及自己或与自己相关的人或事时，在这些情况下，使用谦让辞能够展现出语言主体的谦逊品质，避免因过于张扬或自大而引起不必要的误解或冲突。通过降低自己的主体地位，语言主体能够更好地与对方进行平等、和谐的交流，增进彼此之间的感情。值得注意的是，谦让辞的使用需要适度。过度使用可能会让语言显得过于谦卑，甚至失去自信，而使用不足则可能显得过于自大，缺乏对他人的尊重。因此，在运用谦让辞时，语言主体需要根据具体情境和关系远近进行恰当的把握和调整。

所谓的"美化辞"，其实是一种特殊的语言表达方式，它主要体现在语言主体在与关系较近的人交流时，出于美化和提升表达内容的需要，采用的一种间接、优雅的说话方式。这种表达方式不仅体现了语言主体的审美趣味和文化修养，还在无形中拉近了与听者的距离，使交流更加和谐、愉悦。在使用美化辞时，语言主体会特别注重提高听话人的主体地位，以更自信、从容的姿态进行表达。同时，为了美化表达内容，他们还会选择使用更加间接、含蓄的语言，以此来增加表达的深度和韵味。这种表达方式往往能够赋予普通事物以新的意义和美感，使听者产生更加强烈的共鸣和感受。美化辞的主要应用场景在那些难以直接言说或想要以更加优雅的方式描述的事物上。比如，当语言主体想要表达对某个人的赞美时，他们可能会选择用一系列美好的词汇和意象来描绘对方的形象，而不是简单地用"好"或"美"等词汇来概括。这样的表达方式不仅能够更准确地传达语言主体的情感，还能够使听者感受到一种美的享受。此外，美化辞的使用也体现了语言主体对交流对象的尊重和关怀。通过采用更加优雅、含蓄的表达方式，语言主体能够避免直接、生硬的表达可能带来的尴尬或冲突，使交流更加顺畅、和谐。

我们必须强调的是，"尊敬辞""谦让辞"以及"美化辞"这些表达形式，其根本用途在于展现说话者与听话者之间，或是与对话中涉及的第三方之间的特定人际关系。若交流过程中并未涉及人际关系的表达，或者说话者、听话者以及谈话中的第三方中的任何一方缺席，我们所运用的就应是"礼貌用语"，而非"敬意表现"。接下来，我们将对这一问题展开深入的探讨和解析。

二、敬意表现与礼貌用语

如前文所述，敬意表现确实是一种基于说话人和听话人之间的相互人际关系而产生的语言行为。通过仔细剖析这种人际关系，我们能够清晰地观察到其中所蕴含的尊敬、谦虚等区别明显的语言特征。这些特征不仅仅是简单的词汇选择，还是深植于语言行为背后的社交规则和文化传统。然而，值得注意的是，在中文这一博大精深的语言体系中，尊重的敬意表现标志词却并不总是直接等同于"敬意表现"。事实上，这样的情况在中文中比比皆是。例如，我们常常使用的"幸会"一词，我们认为其更多是扮演着谦让辞的角色，让我们仔细比较一下下面两个例句。

1. 今天幸会，时间不早了，我想与陈老先生拍张照

2. 我访问香港时幸会陈炳良教授，谈起中国神话学，我们觉得我们三个人的意向和方法比较接近。

在例句 2 中，我们可以清晰地看到，行为主体是"我"，即说话人自己，所有的动作都是由"我"主动发起的，而行为的指向则是"陈先生"。在这一情境中，"我"特意选择了一种特定的表达方式，旨在表达对陈先生的深深尊敬。通过这种方式，"我"不仅展示了自己的谦逊态度，还将陈先生置于一个崇高的地位，进一步凸显了"我"对他的敬重。这种表达方式不仅实现了谦虚的效果，还有效地拉近了与陈先生之间的距离，增进了彼此之间的友好关系。

然而，在例句 1 中，情况则有所不同。整句话所描述的并非说话人自己主动发起的行动或行为，而是他"拜访"这一事实的简单陈述。因此，我们可以认为，说话人在陈述这一事实时，并没有采取抬高对方地位的方式来进行表达。在这种情境下，"幸会"一词的使用，并未起到谦让辞的作用，它更多的是作为一个单纯的美化辞，用于美化或提升整个句子的表达效果，而非专门用于表达对某人的尊敬或谦逊。通过对

比这两个例句，我们可以更深入地理解"幸会"一词在不同语境中的不同用法和意义。在例句 2 中，它作为谦让辞，有效地表达了说话人的谦逊和对对方的尊重；在例句 1 中，它则作为美化辞，用于提升句子的表达效果。

敬意表现的标志性词语，在不同的语境中，可能会因为文化差异、个人理解或是场合的不同而失去原有的作用，但当这些敬意表现符号被专门用于表达对对方或第三方的敬意时，其内在的礼貌机能便会自然而然地发挥作用。这种机制，实际上与中文交际中"礼貌用语"的定义是相辅相成的。所谓的礼貌用语，就是在语言交流中，语言主体根据对方、场合或是事情的具体情况，审慎而恰当地选择使用的语言表达方式。

本节我们深入探讨了敬意表现和礼貌用语在中文语言表达中的紧密从属关系。它们并不是孤立存在的，而是相互交织、相互影响，共同构成了中文交际的丰富内涵和深厚底蕴。本书在深入探讨这一关系时，也充分考虑了语言表达的多样性和复杂性。我们认为，敬意表现与礼貌用语的从属关系如图 8-1 所示。通过图示的方式，我们可以更直观地看到，敬意表现和礼貌用语是如何在中文语言表达中相互作用、相互补充的。

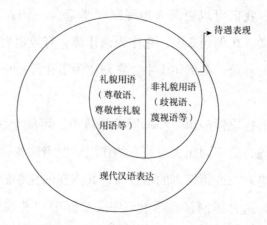

图 8-1 礼貌用语、区别对待表现、现代中文表现的相互关系

换句话说，中文表达作为一个整体，其内部蕴含着丰富多样的表达形式，其中便包括了区别对待表现。这种区别对待表现，实际上正是礼貌用语和非礼貌用语相互交织、共同构成的。在中文表达中，礼貌用语与非礼貌用语并非孤立存在，而是相互依存、相互补充，共同构成了中文表达的独特魅力。礼貌用语的具体构成范围可以通过图 8-2 进行直观的展现。

图 8-2 尊敬辞、谦让辞、美化辞的相互关系

　　如图 8-2 所示，尊重辞、谦让辞和美化辞这三类敬意表现方式，均属于"美化性礼貌用语"的范畴。这些敬意表现方式在中文表达中占据着重要的地位，它们不仅体现了语言使用者对他人的尊重和谦让，还美化了语言表达，使之更加得体、优雅。在具体的语言场景中，这三类敬意表现方式的运用会有所不同。特别是在涉及人际关系的语言场景下，我们会将敬意表现细分为尊敬辞、谦让辞和美化辞。我们通过这种方式区分动作主体、动作的方向和动作的承受者。在不涉及人际关系的语言场景中，我们则将这些表现统一称为"美化性礼貌用语"，来美化语言表达，提升语言的艺术性。经过上述理论铺垫，我们可以进一步解释为什么一个词可以同时具有"客套话"和"敬辞"这两种属性。在会话场景中，其如果涉及人际关系，那么这个词就会被视为"敬辞"，用以表达对他人的尊重和敬意。然而，这个词的应用场景如果不涉及人际关系，那么它就可能被归类为"客套话"，成为一种礼节性的表达方式。这种缓冲地带式的分类方法虽然在一定程度上丰富了现代中文的语言生活，使表达更加多样化和灵活，但同时也给敬意表现的体系化带来了不小的困扰。为了更加清晰地界定现代中文的敬意表现体系，我们有必要对中文敬意表现的语法结构进行深入的分析和研究。通过对语法结构的分析，我们可以更加准确地把握敬意表现的内在规律和特点，进一步明确敬意的分类和界定。这不仅有助于我们更好地理解和运用中文中的敬意表达方式，还能够为现代中文的规范化和标准化提供有力的支持。在下一节中，我们将结合一些实际例子对现代中文中的敬意表现语法结构进行分析。

三、中文敬意表现的语法结构

（一）敬谦辞与敬意称谓语的并用

正如前文所述，敬意表现标志词虽然在一定程度上能够传达尊重与敬意，但并非所有场合都能充分发挥其应有的敬意表现功能。特别是在不涉及明确的人际关系时，这些标志词往往仅仅被视为一种美化性礼貌用语，而缺乏实质性的敬意内涵。然而，中文作为一种博大精深的语言，拥有一套独特的称谓语系统。在对话中，这些称谓语扮演着至关重要的角色，它们能够迅速而准确地帮助我们确定如上下级关系、亲密关系等复杂的人际关系。

中文的称谓语可谓种类繁多，每一种称谓语都承载着特定的文化内涵和社会含义。根据陈松岑的研究，人们在进行语言沟通时，为了引起谈话，最常用的表达方式之一就是提出听话人的称谓。这种用适当的称谓语称呼对方的方式，不仅仅是一种礼貌的表达方式，还是对听话人身份和地位的尊重。这种"称谓语"的使用，除了表明说话人希望听者能够倾听自己的话语，还体现了说话人对正在进行的交流性质的理解。即使是在对不特定的听众进行讲话时，说话人也必须使用适当的称谓语来称呼他们，否则很可能被视为不礼貌。因为在中文的语境中，称谓的使用不仅仅是语言层面上的交流，还是人际交往中一种基本的尊重和礼貌的体现。

如果以人称为依据进行分类，中文的称谓语可以细致地划分为自称、对称和他称等多个类别。这种划分方式主要依据的是称谓语在交流中所扮演的角色和所代表的身份地位。自称，即自我称呼，是个人在言语中对自己的称谓；对称，则是指用于称呼对话中另一方的称谓；他称，则是用于指代除自己和对话方以外的第三者的称谓。若以人际关系为划分标准，中文的称谓语通常可分为"亲属称谓"和"社会称谓"两大类。戴庆厦在其著作中明确指出，"亲属称谓"主要用来表示家庭内部成员之间的关系，如父母、兄弟姐妹等，这些称谓体现了家族内部的层级和血缘关系。值得一提的是，在特定场合下，这些亲属称谓有时也可以被创造性地用于非亲属之间，来表达亲近或尊敬的情感。"社会称谓"则更加广泛，覆盖了人们在非亲属关系下的各种交流场合。这类称谓不受血缘和家族关系的限制，更多地关注社会角色、地位或职业。它们用于称呼同事、朋友、陌生人等，有助于建立和维护社交关系。此外，中文的称谓语还有更加细致的分类，如"职业称谓""职务称谓"和"通用称谓"等子类别。这些分类进一步体现了称谓语在社会交往中的多样性和灵活性。

至于称谓语中的敬意表现，陈松岑等学者对人称代词进行了深入研究，将其定义为"俗称""尊称"和"鄙称"等不同类型。这些称谓语的选择和使用，不仅反映了说话者对听话者的态度和情感，还向听者传达了礼貌与郑重的情感。通过选择恰当的称谓，说话者可以有效地表达自己的敬意和尊重，从而建立良好的人际关系。

如上所述，当我们同时使用称谓语和敬意表现标志词时，对话中的关系能更清晰地被捕捉，从而使敬意表达也更加自然流畅。传统的称呼分类法在一定程度上有助于我们理解称谓语的使用，但它也存在着一些明显的缺点。特别是在按照"社会"和"亲属"这两大类别进行分类时，我们往往发现称谓语的表敬性和表谦性属性并不那么明确。我们即使使用了某种称谓，也难以准确判断它是否具备尊称的属性。为了解决这一问题，我们可以借鉴陈松岑提出的称谓语三分类体系。这一体系不仅更加细致和全面，而且能够让我们立即确定称谓的尊称属性。通过这种分类方法，我们可以更加准确地把握不同称谓语在表达敬意时的微妙差异，从而在日常交流中更加得体地使用它们。这样一来，我们不仅能够更好地表达对他人的尊重和敬意，还能够更好地维护人际关系，促进和谐交流。其具体内容为以下几方面。

第一类"通称"。这是最常见的人称代词，包括"你""我""他/她"，以及它们的复数形式"你们""我们""他/她们"。这些通称在日常对话中被广泛使用，它们通常不带有特定的敬意或谦逊色彩，而是作为基本的语言交流工具。尽管通称在表达敬意方面可能不如其他两类称谓语显著，但在适当的语境中，它们同样可以传达出尊重和礼貌的情感。

第二类"尊称"。在中文中，尊称一般有三种具体的语言表达形式，首先常见的尊称方式是使用第二人称代词的复数形式来称呼听话人，如"您"或"你们"。这种用法虽然表面上看起来是复数形式，但实际上是对单个听话人的尊称，表达了对对方的尊敬和敬意。其次，含有尊敬成分的短语也是尊称的一种形式，如"尊驾""贵客"等，这些短语通过特定的词汇组合，传达出对对方的敬重和对对方地位的抬升。最后，用尊称名词作代词也是一种常见的尊称方式，如"先生""女士"等，这些尊称名词在特定场合下可以替代人称代词，表达出对对方的尊重。

第三类"谦称"。与尊称相对，谦称主要用于表达说话者自身的谦逊和恭敬。在中文中，谦称主要通过使用第一人称代词的复数形式"我们"来表达。这种用法虽然表面上看起来是代表一个群体，但实际上是一种自我谦逊的表达方式，意在将个人置于较低的地位，表示"我只是一群人中的一个，无足轻重"，以此显示对对方的尊敬。此外，还有一些特定的谦称词汇，如"鄙人""在下"等，这些词汇在古代文献中尤为常见，它们通过特定的词汇选择，传达说话者自谦的态度。

称谓语的分类在理论上确实有其合理之处，但在实际应用中，我们发现其涵盖的内容过于有限，这就导致在实际交流中可能无法完全满足我们的需求。特别是在使用非人称代词来称呼听话人或第三方时，这种情况就显得尤为突出。卢万才在其研究中深入探讨了称谓语的敬意表现功能，为我们提供了宝贵的经验。

他提出，"社会性通称"这类称谓语在社交场合中具有广泛的应用价值。当我们与初次见面的人交流时，我们可以直接使用这些通称来称呼对方，来体现基本的礼貌和尊重。当它们作为接尾词与名字一起使用时，它们又可以用来表示熟人或特定的人，进一步拉近彼此的距离。此外，社会性通称在直接使用时，主要用作第二人称代词，而在间接使用时，有时则可以用作第三人称代词。这些用法都体现了社会性通称在社交互动中的灵活性和多样性。社会性通称的作用并不仅限于称呼本身，它还能够体现被称呼者的身份、职业或职务特点。然而，我们如果在使用时不加注意，可能会因为选择不当而给对方留下不礼貌的印象。因此，在使用社会性通称时，我们需要根据对方的实际情况和社交场合的具体要求来做出恰当的选择。

在现代中文中，"职业/职务称谓"的使用往往带有一定的夸张性质。这种夸张并非出于恶意或误导，而是为了表达对对方职业或职务的尊重和敬意。例如，我们可能会将副总经理尊称为"某总"，或者将在校职工无论其是否从事教学工作都称为"老师"。这种用法虽然在一定程度上偏离了实际职务或职业，但却能够体现出我们对对方的敬意和认

179

可。除了常见的"老师"和"大夫"等职业称谓，我们将职业称谓与亲属称谓结合使用也是一种有效的敬意表达方式。这种结合使用不仅能够强调对方的职业身份，还能够通过亲属称谓的加入来增强敬意表现的性质。例如，我们可以称呼一位医生为"医生叔叔"或"医生阿姨"，这样既表达了对对方职业的尊重，又体现出了亲切和敬意。至于"亲属称谓"，在中文中它们具有直接使用的特点，这些称谓语能够清晰地反映出家庭成员之间的关系和地位，因此在使用时需要与个人身份相称，并严格遵守长幼尊卑的顺序。通过恰当使用亲属称谓，我们可以向对方传达出对家族关系的尊重和认同。

基于前述的深入研究与探讨，本书对敬意表现中的称谓语进行了系统的分类，将其划分为以下几个主要类型。

首先是"表敬型称谓语"。这类称谓语主要用于表示对他人或第三方的尊重与敬意。它涵盖了多种不同的形式与用法。其中，第二人称代词的复数形式和特殊形式，如"您"和"你们"，在日常交流中经常被使用，用以显示对听话人的尊重。此外，社会通用名称如"先生""女士"和"同志"也广泛用于各类场合，来体现对对方的尊重与礼貌。同时，有时为了更加突显对对方的尊重，我们可能会使用夸张的职业或职务名称，如将"副部长"尊称为"部长"，或将"学习职工"尊称为"老师"。此外，我们将姓氏与职业或职称相结合，如"王部长""李老师"和"陈医生"，也是表达敬意的一种常见方式。最后，这类称谓语用于其他人或第三者的上代亲属称谓，如"大爷"和"大哥"，同样能够传达出对他人的尊重与亲近。

其次是"表谦型称谓语"。这类称谓语主要用于降低自身地位，表达谦虚与敬意。这类称谓语中，第一人称代词的复数形式和特殊形式，如"我们""在下"和"不才",常用于自我谦称,以示对对方的尊重。同时,我们使用指称自己或自己一方的人的亲属称谓,如"家父""舍弟"和"小女",也是表达谦虚与敬意的一种方式。

最后是"美化型称谓语"。这类称谓语主要用于发起话题或郑重地指代对方。其中,第三人称代词,如"他/她"和"他/她们",可以在适当的场合下用于指代对方,来表达对其的尊重与重视。此外,我们将职业与亲缘关系或社会通用名称相结合,如"售票员姐姐"和"司机师傅",能够营造出亲切而又不失礼貌的氛围。同时,我们对他人使用的同辈或下辈亲属称谓,如"兄弟"和"妹子",也能够在适当的情境下传达出对对方的亲近。三类敬意表现称谓语可以参照表8-3。

表8-3 敬意表现中的称谓语分类表

	分类	构成	例词
敬意表现称谓语	表敬型称谓语	1. 第二人称代词复数/特殊形式 2. 社会性通称 3. 夸张性职业/职务称谓 4. 名字+职业/职务称谓 5. 上代亲属称谓	1. 您、你们 2. 先生、女士、同志 3. 副部长→部长、学校职工→老师 4. 王部长、李老师、陈医生 5. 大爷、阿姨
	表谦型称谓语	1. 第一人称代名词及其复数/特殊形式 2. 用于己方的亲属称谓	1. 我、我们、在下、不才 2. 家父、舍弟
	美化型称谓语	1. 第三人称代名词 2. 职业+亲属称谓/社会性通称 3. 对对方用的同辈或下辈亲属称谓	1. 他/她、他/她们 2. 售票员姐姐、司机师傅、警察同志 3. 兄弟、妹子

通过这样的细致分类,称谓语将不再是简单的语言符号,而是成了

帮助我们判断敬意表现功能的有力工具。在人际交往中，称谓语的选择与使用往往能够反映出彼此之间的关系与态度，因此我们对其进行深入的分类与研究显得尤为重要。现在，称谓语可以更加灵活地与"尊敬辞""谦让辞"和"美化辞"等敬意表现标志词结合使用，从而可以更加准确地反映人际关系，如下列句子。

> 我失陪了，请一位研究生先带你看，我开完会就来。

在这句话中，"我"无疑成了"先走了"这一动作的主体，这一表述运用了表谦型称谓语"我"，既凸显了说话者自身的谦逊态度，又确保了对话的流畅与自然。进一步分析，"离开"这一动作并非简单地描述了一个物理上的行为，而是通过抬高"我"的动作的对象——听话者的地位，进行了一种更加细腻的情感表达。这样的描述方式，不仅体现了对听话者的尊重与敬意，还展现了说话者对社交礼仪的深刻理解与娴熟运用。正是基于这样的语言运用和情感表达，我们可以轻易地判断出"失陪"在这里属于谦让辞的范畴。在这句话中，"我"使用"失陪"这个敬意表现传递先行离开的含义，实际上是在向听话者表达一种歉意和恭敬，同时也为听话者留下了足够的空间与自由，体现了说话者对对话关系的深刻理解与尊重。

这样的结合使用不仅丰富了语言表达的方式，还使人际关系的呈现更加立体与真实。在不同的场合与情境下，我们可以根据需要选择合适的称谓语与敬意表现标志词进行搭配，来达到更好的沟通效果，避免误用现象的发生。

通过上面的深入研究，我们逐渐揭示了现代中文敬意表现的内在基本结构。首先，关于尊敬语的使用，其基本格式可以概括为"表敬型称谓语+尊敬辞"。在这一结构中，表敬型称谓语起到了提示后续应该使用尊敬辞的标志作用。它既是对听话人表示尊敬和敬意的称呼，如"先生""女士"等，又能够直接体现出说话人对听话人的尊重，还能够提示后文应该使用尊敬辞，并在此基础上，通过一些特定的词语或表达方式，进一步强化敬意的表达。这种结合使用的方式，使尊敬语在表达敬意时既准确又得体。

其次，谦让语的使用则遵循着"表谦型称谓语+谦让辞"的基本格式。在这一结构中，表谦型称谓语起到了提示后续应该使用谦让辞的标志作用。它不仅仅是表达自身谦虚的称呼，如"在下""不才"等，以此间接体现说话人对听话人的尊重，还能提示后文应该使用谦让辞，并在此基础上，通过一些表示谦让或歉意的词语，进一步体现说话人的恭敬和诚意。这种格式使谦让语在表达敬意时不会显得过于谦卑而导致使用者的抵抗，也让对话显得更加自然和得体。

最后，美化辞的使用则相对灵活一些。它既可以与表敬型称谓语结合使用，也可以与表谦型称谓语或美化的呼称相结合。美化辞的作用在于通过一些优美的词语或表达方式，使称呼或话语更加动听、悦耳。这种结合使用的方式，不仅增强了语言的美感，也使敬意表现更加深入人心。

（二）具有授受关系的敬意表现词汇

除了上述我们发现的现代中文敬意表现的基本结构，现代中文的敬意表现中其实也蕴藏着授受关系的敬意表现词汇。所谓的授受关系，原本是日语语言学中描述事物和动作在对象间移动的一类词的统称。日语中的授受关系主要描述的是"我或我的一方给别人"以及"别人给（为）我或我的一方"这样的交互行为。它体现在日语句子中，通过"表示物的授受关系"和"表示动作的授受关系"来展现。在物的授受

关系中，日语有一系列动词和补助动词来表达这种交互。例如，当表示"我或我的一方给别人"时，日语可以使用"やる"或尊敬的"あげる"，更尊敬的"さしあげる"。当表示"别人给我或我的一方"时，日语则使用"くれる"或更尊敬的"くださる"。此外，从别人处得到某物时，日语用"もらう"，更尊敬的表达是"いただく"。在动作的授受关系中，这些动词不仅仅表示物的移动，还表示动作是为谁而做的。例如，当这些动词用作动词句时，它们前面的主要动词就带有这个动作是为谁而做的意思。

现代中文的敬意表现也不乏这类能够反映事物或动作移动的敬意表现标志词。例如，"呈正"一词，其含义远非将作品递交给他人那么简单。"呈"字代表展示、献出之意，而"正"意味着修正、指正。因此，"呈正"一词，在字面上，我们可以理解为将自己的作品恭敬地展示给他人，并请求对方给予修改与指点。这种请求并非简单请教，而是蕴含了对对方学识、能力的尊重和信任。在古代文人墨客之间，作品往往被视为心血的结晶，将自己的作品"呈正"于他人，便是将自己的心血与努力展示给对方，希望对方能够从中发现不足，提出宝贵的意见。更为重要的是，"呈正"一词还蕴含了说话人深深的情感表达。在这里，对方的每一次指点、每一次修改，都被视为是对"我"的恩赐。这些指点与修改，帮助"我"完善了作品，提升了自我。因此，"呈正"一词是寄托了说话人对对方的动作给予了"我"恩情这样一个情感表达。我们来试着比较下面三个例句。

1. 文中不足之处还请呈正。

2. 帮我改下不对的地方。

3. 快点给我改一下吧。

　　以上三个例句虽然都是围绕"修改文章"这一主题展开的，但它们的表达方式却各有千秋，从而使敬意表现的程度呈现出逐渐降低的趋势。值得注意的是，这些句子中并未明确提及"修改文章"这一动作的主语，这实际上是一种请求表现的策略。

　　请求表现，即通过语言的运用将决策权交予对方，这种表达方式相较于由自己掌控语言的形式，显然更加礼貌。当我们在语言中构建让对方主动采取动作（或似乎对方已主动采取行动）的情境时，这种礼貌感会进一步增强。请求对方允许我们进行某项行动，相较于直接期望对方为我们做某事，更显得尊重与谨慎。更为精妙的是，当我们在请求中明确表达自己将受益于对方的帮助时，这种表达比单纯陈述事实更显得诚意满满。然而，在实际会话中，我们通常会避免使用那种看似是在迫使对方承情的表达方式，因为这可能会让对方感到不自在。至于表达是否礼貌，其实与语言的结构密切相关。我们可以从"谁采取行动""谁做决定"以及"谁承利承恩"这三个角度来审视。一般来说，当行动由自己发起、决策权掌握在对方手中，且最终表达了自己承受对方的利益或恩情时，这种表达方式最礼貌；反之，若行动是对方被迫承受的，决策权由自己掌握，且缺乏自己承受对方的利益或恩情的表达，那么这种表现则最为无礼。在实际运用中，我们可以通过主观调整语言的表面意图与真实意图，使对方在接收到信息时能够感受到我们的礼貌与诚意。

　　根据决定权、行动、承利/承恩这三个角度出发，我们审视上面三个例句的构造就可以明白，"文中不足之处还请呈正"一句，"要不要修改文章"的决定权在于对方，具体"修改文章"的行为是对方做出的，承利/承恩的人是"我"；"帮我改下不对的地方"一句，"要不要修改文章"的决定权并不在特定人手中，需要根据上下文来明确，具体"修改文章"的行为是我让对方做出的，但是我也表现了承利/承恩的含义；"快点给我改一下吧"一句，"要不要修改文章"的决定权在于"我"，具体"修改文章"的行为是我让对方做出的，也没有任何承利/承恩的表现。我们用等式表述如下。

1. 文中不足之处还请呈正。

决定权＝对方

行动＝对方

承利/承恩表现＝1

2. 帮我改下不对的地方。

决定权＝不明

行动＝让对方

承利/承恩表现＝1

3. 快点给我改一下吧。

决定权＝己方

行动＝让对方

承利/承恩表现＝0

由此我们发现，第3句的郑重和礼貌程度最低。第2句和第1句的构造虽然相同，但由于第2句的动作决定权归属不明，且行为有让对方做事的表现，因此敬意表现程度较第1句要低。

尊敬辞中的授受关系也展现了同样的结构，例如：

承蒙各位的关心与支持，在此深表谢意。

此时，"我"作为主语，通过运用"承蒙"这一动作，巧妙地展现了与对方或第三方之间的利益关系。这一表达方式不仅凸显了"我"在事件中的受惠地位，还体现了对对方或第三方恩惠的深深感激。这个例子的具体句子结构如下。

决定权＝对方

行为＝对方

承利/承恩表现＝1

这种结构与之前使用"呈正"的例句在表达方式上有所区别，但都巧妙地运用了谦让辞来展现敬意。然而，在这些句子中，实际的动作并非由"我"发起的，而"关心"和"支持"这样温暖的举动，由对方或第三方主动施与。这样的设置，使"我"成为接受恩惠的一方，而对方则成为行动的发起者和决策者。在这样的背景下，"承蒙"一词的运用显得尤为重要。它站在对方的立场上，以一种谦卑而感激的口吻，表达了"我"对"大家的关心和支持"的深深谢意。通过"承蒙"这个词，我们不仅能够感受到"我"的谦恭，还能体会到对对方的尊敬与感激。

值得注意的是，这些句子中并没有出现明确的称谓语，但通过句子结构的巧妙安排，我们依然能够清晰地感受到其中蕴含的敬意。这是因为，当句子结构呈现出对方是决策和行动的决定者，而"我"是承恩/承利的人时，这种敬意便自然而然地流露出来。简而言之，当我们在句子中描述对方为我们做出某些行动或决策，并为我们带来利益或好处时，"承蒙"这样的词汇便起到了敬词的作用。当我们请求别人为我们做某事时，这些词汇则成为谦词，表达我们的谦卑与敬意。通过巧妙运用这样的词汇和句子结构，我们能够更加精准地表达我们的敬意与感激之情。

（三）通过语言选择行为实现的敬意表现

上述研究仅仅是针对狭义的中文敬意表现体系的一个方面，是用敬意表现标志词的语言表达进行的探讨。然而，中文中敬意的表达远不止于此，它涵盖了更为广泛和深入的层面。本书所思考的中文敬意表现的系统，是一个更加全面和系统的框架，旨在揭示中文敬意表现的多样性和复杂性，具体结构如图 8-3 所示。

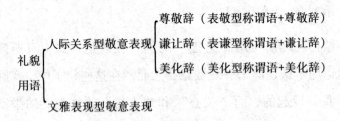

图8-3　现代中文的敬意表现体系

然而，我们需要明确的是，上面所提及的体系并非一成不变，它是随着语言的发展、社会的变迁以及文化的交流而不断演变的。就像日语中的敬意表现一样，它同样具有多样性和灵活性。文雅表现型敬意表现犹如一枚精致的戒指，将人际关系型敬意表现巧妙地包含在其中。这种包含关系并非固定不变的，而是可以根据不同的语境进行灵活的转换。在特定的场合和情境中，人们会根据需要选择使用不同形式的敬意表现，来更好地适应社交环境和表达尊重之情。

举例来说，两个意思相近的动词"看"和"过目"。在传统分类中，"过目"通常不被用作尊敬辞，因为它所表达的敬意已经隐含在词语本身之中了。然而，从实际运用的角度来看，"过目"比"看"更加文雅，且双音节词在听觉上也比单音节字更加悦耳。因此，在某些情况下，使用"过目"确实能够起到更好的敬意表现作用。这种敬意表现的转换并非随心所欲，而是受社会规范、文化习俗以及个人修养等多种因素的影响。我们以下面两个例句为例进行说明。

1. 陈云同志撰写的《怎样做一个共产党员》，是哺育了我党几代党员成长的好教材。

2. 他一生中共写了31本书，其中有名的是《公众舆论》《道德序言》《自由与新闻》以及《美国的对外政策》。

在例句2中，当我们提到"他写了31本书"时，这仅仅是对一个事实的陈述，没有包含任何主观评价或情感色彩。这里，"他"是主语，"写了31本书"则是谓语部分，它直接而客观地描述了主语的行为和结果。这样的句子没有涉及任何人际关系的考量，它只是一个简单的、不带感情色彩的陈述句。然而，在例句1中，我们使用了"撰写"这个词来代替"写"。这种用词上的微妙变化，实际上体现了对对方行为的尊重和礼貌性陈述。在中文语境中，"撰写"一词通常用于描述更加正式、更加用心的写作行为，它带有一种敬意和赞赏的意味。因此，当我们说"他撰写了31本书"时，不仅是在陈述一个事实，还是在表达对对方才华和努力的认可和尊重。这种用词上的差异，虽然看似微小，但却能够体现出对对方礼貌程度的不同。即使是描述同一个动作，不同的词汇选择也会带来不同的情感色彩和人际关系的考量。这也反映了语言在表达情感和构建人际关系中的重要作用。

然而，值得注意的是，我们尽管观察到了这种语言现象，但在当前的语言生活中，还没有发现通过语言选择行为实现动词标志词化的明确倾向。也就是说，我们并不能简单地将某个词汇或表达方式与敬意表现直接等同起来。因此，在这里，我们只是提出了这样一种语言现象，并指出其在表达敬意和构建人际关系方面的潜在作用。未来，随着语言的发展和社会的变迁，这种语言现象是否会有更明显的表现，还需要我们进一步观察和研究。

四、现代中文敬意表现的整体形象

通过上文的分析，我们可以深入洞察现代中文敬意表现的四个显著特点。

第一，现代中文中同时存在礼貌用语和敬意表现这两种表达方式。礼貌用语是中文交际中的一种重要策略，它体现了语言主体在交际过程中对对方、场合或事情的细致考虑和尊重。这种表达方式通过选择恰当的语言，使语言交流更加得体、合适，从而达到良好的沟通效果。敬意表现则是在表达人际关系时，通过使用尊敬辞、谦让辞、美化辞等敬意表现标志词，来展现对对方的敬意和尊重。这种表达方式在中文中尤为常见，它体现了中华民族深厚的礼仪文化。

第二，根据语言选择行为的不同。中文中的敬意表现可以分为狭义敬意表现和广义敬意表现两种。狭义敬意表现主要侧重反映人际关系，通过使用敬意表现标志词来明确表达对他人的敬意。广义敬意表现则更加注重语言选择行为本身，它反映了人们在交际过程中对语言的精心挑选和运用，来达到表达敬意和尊重的目的。这种分类方式有助于我们更加全面地理解中文敬意表现的内涵和形式。

第三，敬意表现的使用并不是一成不变的，它可以根据不同的语境和需要，通过不同类型的敬意表现要素来确定。一个句子中可能同时存在称呼、标志、授受关系和语言选择行为等多种敬意表现要素。这些要素相互交织、共同作用，使敬意表现更加丰富多彩、灵活多变。

第四，我们需要注意的是，在使用敬意表现时，说话人必须保持敬意表现要素的一致性。这意味着在表达敬意时，称谓和符号必须相互协调、保持一致。如果称谓和符号之间出现矛盾或不一致的情况，这可能会导致表达效果大打折扣，甚至产生误解或冲突。例如，在使用"谦称"时，我们如果不恰当地使用或搭配不当，可能会给人一种傲慢的感觉；如果在谦称中误用了"敬称"，则可能会被视为讽刺或嘲讽。因此，在使用敬意表现时，我们必须格外注意敬意表现要素的一致性和协调性。

关于第三点，我们可以借助具体的例句来进一步认识和理解敬意表现的多维性。

> 在中日邦交正常化二十周年这个喜庆之年，承蒙日本政府的盛情邀请，在这樱花盛开的季节，我来到贵国进行友好访问，感到十分高兴。

在这个例句中，我们不难发现多种敬意表现因素的交织运用。首先，通过"承蒙"这个敬语词，我们表达了对日本政府盛情邀请的感激之情，同时也体现了对对方的尊重。这种表达授受关系的敬语词，在中文中非常常见，它能够帮助我们更好地表达感激和敬意。其次，通过"贵国"这个称呼词，我们进一步表达了对日本的敬意。在这里，"贵国"不仅是一个简单的代词，还是一个充满敬意的称呼，它体现了说话人在公共场合对"日本"这个国家的尊重和重视。这种称呼词的使用，不仅有助于拉近双方的距离，还能够增强交流的友好氛围。通过这两个敬意表现因素的运用，我们成功地抬高了对方的地位，使陈述更加得体。这种表达方式在中文交际中非常普遍，它能够帮助我们更好地表达对他人的尊重和敬意，促进友好关系的建立和发展。

本章详细阐述了现代中文敬意表现系统化这一核心议题，这也是本书深入探讨的主要课题。现代中文在表达敬意时，形式纷繁复杂，因定义和功能的差异，未能有效地形成系统化体系，这导致了在实际运用中出现了不少误用现象。为了解决这一问题，本书对中文敬意表现进行了全面而细致的审视，并将其中的标志词划分为"尊敬辞""谦让辞"和"美化辞"三大类别。这些标志词在对话中的运用，能够为我们分析判断人际关系提供有力的依据。中文的"敬意表现"作为"礼貌用语"的子概念，其内涵和外延都得到了更加明确的界定。尊敬辞、谦让辞和美化辞作为"人际关系型敬意表现"的子类别，它们在本书中被定义为表达说话人与听话人或第三方（话题中的被讨论者）之间特定人际关系的语言表达形式。这些表达形式不仅丰富了中文的表达手段，还在深层次上体现了中国人的礼仪文化和价值观念。

在探讨中文敬意表现的语法结构时，我们发现了以下几个关键点。首先，敬意表现并非仅仅依赖标志词的使用，它还需要与敬意表现称谓语相结合，共同构建完整的敬意表达。其次，敬意表现中常常使用反映授受关系的区别对待表现，这种表现方式能够体现出对不同对象的尊重和谦逊。最后，称谓语在敬意表现中也发挥着重要作用，它们不仅用于称呼对方，还会进行特殊的语言选择行为，来体现对对方的敬意和礼貌。

特别值得一提的是，当我们在表达敬意时，有时会选择使用与原词含义相同但更为文雅的词汇。这些词汇并未直接使用敬意表现标志词，但我们仍可将其视为美化辞，因为它们同样起到了提升表达效果、增强敬意表现的作用。综上所述，中文中的敬意表现语法可以概括为"表敬型称谓语+尊敬辞""表谦型称谓语+谦让辞"以及"称谓语（可省略）+美化辞"或"语言选择行为"等形式。这些形式共同构成了现代中文敬意表现的丰富体系，为我们在日常交流中表达敬意提供了有力的依据。

第九章

结　论

　　本章将对前面八章的内容进行深入回顾与总结，从语用学和语义学的双重视角出发，对中文敬意表现的性质进行全面而细致的解析。我们希望通过这样的梳理，能够进一步揭示中文敬意表现的内在规律和特点，为今后的研究提供更加坚实的理论基础。在语用学方面，我们将重点关注中文敬意表现在实际语言交际中的运用情况。通过对实际语料的分析，我们可以发现中文敬意表现在不同场合、不同对象、不同语境中的使用差异和变化。同时，我们还将探讨中文敬意表现与人际关系、社会文化等因素之间的互动关系，来揭示其背后的社会心理和文化内涵。在语义学方面，我们将深入剖析中文敬意表现的语义特征和分类。通过对敬意表现标志词的语义分析，我们可以更加准确地理解其含义和用法，进而揭示其在语言交际中的功能和作用。同时，我们还将探讨中文敬意表现与其他语言现象之间的关系，如委婉语、礼貌用语等，来揭示其在中文语言体系中的位置和影响。

　　此外，我们还将借鉴日语敬意表现的各种概念，对现代中文敬意表现体系进行发展和完善。日语在敬意表现方面有着丰富的经验和独特的体系，通过对其概念的引入和借鉴，我们可以为现代中文敬意表现体系注入新的活力和思路。我们将结合中文的实际情况，对日语中的敬意表现概念进行本土化的改造和创新，来构建更加符合中文特点和需求的敬意表现体系。

世界上存在着丰富多彩的语言，它们是人类交流思想的桥梁和纽带。通过语言，我们可以分享彼此的想法、情感和经验，从而建立深厚的人际关系。然而，在进行交流时，我们往往会遇到一些挑战和限制。很多时候，我们如果不征求对方的同意或认可，或者没有表达出对对方的尊重，那么交流就可能无法顺利进行。这说明了尊重在语言交流中的重要性。因此，可以肯定的是，在世界上众多的语言中，无论它们的文化背景和尊重程度如何，它们都必然存在一些特定的语言表达方式，用以体现对他人或对自己某种程度的尊重。这些表达方式或许是简单的称谓，或许是特定的措辞，又或许是某种独特的语言结构。它们共同构成了语言中的敬语体系，帮助人们在交流中传达尊重和礼貌。

然而，值得注意的是，中文的敬意表现体系尚未形成系统化。这导致我们在使用中文进行敬意表达时，往往缺乏明确的标准和规范。相比之下，日语的敬意表现体系则相对成熟和完善。通过对两种语言的比较，我们可以发现中文敬意表现中尚有许多未通过日语敬意表现的各种概念和研究方法得到澄清的新方面。这为我们进一步梳理中文敬意表现体系提供了重要的参考和启示。

在本书中，我们深入探讨了日语敬意表现系统化的前提条件，并详细论证了中文敬意表现系统化必须满足的条件。通过对实际情况的细致调查和分析，我们揭示了现代中文的敬意表现观，并在此基础上创建了适合现代中文语言生活的敬意表现体系。这一体系不仅考察了敬意表现的整体形象，还为我们提供了具体的实践指导和建议。通过对两种语言的比较和研究，我们不仅能够更好地理解中文敬意表现的特点和规律，还能够借鉴日语敬意表现的优点和经验，进一步完善和发展中文的敬意表现体系。这对促进人际关系的和谐与发展，以及提升我们的语言素养和交际能力都具有重要的意义。

　　第一章和第二章详细阐述了本书的背景和核心目的，对以往的相关研究进行了系统的梳理，并深入探讨了本书采用问卷调查方法的必要性和合理性。语言作为人类社会交流的重要工具，会随着时代的变迁而不断演变，其表达方式和内涵也会随之发生改变。这种变化不仅体现在语言的整体发展趋势上，还具体地反映在不同年龄、教育背景和工作性质的人群中。他们由于生活经历、社会角色和交际需求的不同，对敬意表现的使用和理解也会呈现出显著的差异。因此，为了全面而深入地了解现代中文中敬意表现的实际使用情况，我们有必要进行实际调查。这样的调查不仅能够帮助我们把握现代中文敬意表现的发展趋势，还能够揭示不同人群在敬意表现使用上的特点和规律。通过问卷调查，我们可以收集大量真实可靠的数据，进而对这些数据进行统计分析，来揭示敬意表现在现代中文中的实际面貌。更重要的是，从现代中文使用者的口语出发，我们需要深入探究他们对敬意表现的认识和态度。他们是如何理解敬意表现的？他们在日常生活中是如何使用敬意表现元素来构建对话的？这些问题的答案对我们全面理解现代中文敬意表现具有重要意义。同时，通过了解使用者的真实感受和经验，我们还可以为现代中文敬意表现的规范化和系统化提供有益的参考和借鉴。

　　第三章深入回顾了中文敬意表现的历史演变，详细梳理了中文敬意表现的发展脉络，为研究现代中文敬意表现的特征提供了丰富的背景知识。作为中文语言学的一个重要分支，中文敬意表现的研究需要运用中文历史语言学的研究方法，对其历史进行系统梳理。在中国丰富的古籍中，关于"礼"和"敬辞"的著作或作品虽然并不多见，但每一部都是对中文敬意表现历史的珍贵记录。在此，我们参考了邵敬敏、方经民的分类方法，以时间为线索，将中文敬语的发展划分为"发展·完善""变化·衰退期"和"复兴·混乱期"三个阶段。这三个阶段不仅反映了中文敬意表现的历史变迁，还揭示了社会、文化等因素对语言发展的深刻影响。人们至今尚未对中文敬意表现进行完整的系统化研究，但敬意表现在语言中仍然呈现出多种形式。其中，敬词和谦辞是最为核心的表现形式。敬词用于表示对他人的尊敬和敬意，而谦辞则用于表达说话者自己的谦逊和恭敬。此外，为了更委婉地表达忌讳和粗俗的事物，人们还创造了委婉语，这进一步丰富了中文敬意表现的种类和内涵。然而，随着时代的变迁，敬意表现的使用受到了各种社会因素、语言政策和文化背景的影响。在一段时间内，敬意表现的使用确实有所局限，主要集中在人与人之间的称呼、婚礼和葬礼等特定场合的祝贺和道歉中。到了现代社会，随着中文使用者受教育程度的普遍提高，人们对语言规范表达的要求也日益增强。现代中文中使用敬意表现的目的，不仅在于使交流更加顺畅，还在于展现说话者良好的教育背景和修养。现实情况是，由于说话人的文化水平、职业等文化背景不同，他们对敬意表现的理解也呈现多样性。这种理解的差异往往会导致对敬意表现含义的误读和误用，进而在一定程度上阻碍交际的顺畅进行。因此，如何准确理解和使用敬意表现，成了现代中文使用中的一个重要问题。随着研究方法的不断更新和理论框架的不断完善，中文中的敬意表现研究已经逐渐从传统的训诂学转向现代语言学。敬意表现的研究可以建立在礼貌原则等现代语言学理论基础之上，通过更加科学和系统的方法，深入探究其内在规律和特点。然而，要对中文敬意表现进行深入的梳理和系统化研究，我们必须从两个方面入手：一方面是对敬意表现理论的梳理和深入探究，另一方面是对敬意表现实际使用情况的调查和分析。只有将理论和实践相结合，我们才能更全面、更准确地揭示中文敬意表现的本质和规律，为现代中文的规范使用和交际顺畅提供有力的支持。

在第四章中，我们深入探讨了中文敬意表现的特点，并借鉴日语敬意表现的研究方法，以期更全面、更深入地理解中文敬意表现的内涵和规律。古代中文中，"敬"与"尊"的概念是紧密相连的，二者相辅相成，共同构成了古代社会人际交往的基石。无论对方的社会地位如何，我们总能发现其值得尊重的地方，这体现了古代人们对尊重的普遍认同和追求。与现代社会的等级观念不同，中文中的敬意表现更侧重对亲密关系的建立和维护。在表达对他人的尊重时，我们往往也通过自嘲的方式来展现自己的谦逊和诚意，这两个方面其实是相辅相成的。然而，敬意表现并非单向的，它需要双方的共同参与和互动。对方如果不具备使用敬意表现的能力或意愿，那么单方面的敬意表现就无法成立。因此，敬意表现的使用往往局限于那些受过一定教育、具备相应文化素养的人群。从语言学角度来看，中文敬意表现与日语敬意表现在某些方面确实存在相似之处。根据格莱斯的协调原则和利奇的礼貌理论，我们可以发现，除了表示尊重和修饰的礼貌用法，中文敬意表现还具有疏远和讽刺等多种效果。这种多样性和复杂性使中文敬意表现在实际运用中更加灵活多变，人们能够根据不同的语境和对象进行调整和变化。此外，中文敬意表现还具有直接指示性和系统化的可能性。通过表示说话人与听话人之间的人际关系，中文敬意表现能够拉近双方的心理和社会距离，使语境在交际中发挥重要作用。在不同的语境中，敬意表现的意义也会有所不同，这需要我们在实际运用中加以区分和判断。值得注意的是，在上下级关系中，对上级说话往往伴随着较强的形式感和拘谨感，这体现了一种厌恶性关系特征。在亲密关系中，人们则可能出现非典型的亲密表达和玩笑，展现出玩笑关系特征。这种差异说明，在上下级关系不明确的情况下，中文使用者往往会保持一定的心理距离，采用更加谨慎和正式的表达方式。由此我们可以得出结论，中文敬意表现具有独特的特点和规律。通过借鉴日语敬意表现的研究方法，并结合中文自身的语言特点和文化背景，我们可以更深入地理解中文敬意表现的内涵和语用功能。同时，这也为我们今后进一步研究和探索中文敬意表现提供了有益的参考和启示。

第五章详细探讨了中文敬意表现的实际使用情况，为此，我们对1270 名实际使用中文的中国人进行了深入调查。结果显示，中文使用者在日常生活中频繁使用语言进行交流，但他们对尊重的表达方式的认知度并不高。这可能是由于缺乏相关教育和引导，导致他们未能充分意识到中文中丰富的尊重表达方式。然而，令人欣慰的是，经过适当的教育和引导，这些中文使用者能够学会并熟练运用这些尊重表达方式。我们在调查过程中对尊重的表达方式进行了简单而清晰的定义和分类，帮助中文使用者更好地理解和运用这些表达方式。调查还发现，尊重的表达方式与个人的年龄、教育程度、职业和性别等因素密切相关。通常，交流越频繁的人，越有可能意识到尊重表达的重要性，并在实际交流中加以运用。然而，当受访者同时与多人交流时，为了提高交流效率，他们往往会选择避免使用过于烦琐的尊重表达方式，这也在一定程度上影响了他们对尊重表达方式的认知均值。值得注意的是，那些对尊重他人的表达有较高认知的受访者，在实际社交对话中更倾向使用这些表达方式。然而，他们似乎并不太关注对方是否同样使用了尊重的表达方式。这可能与中国人深受儒家文化影响有关，儒家文化强调谦虚谨慎，因此当别人使用敬意表现时，受访者可能会更加注意自己的表现，而不是去关注对方的表现。在三种敬意表现中，中文使用者首先使用委婉语。委婉语能够委婉地表达一些忌讳或敏感的话题，避免直接冲突和尴尬。其次是谦辞，谦辞能够表达说话者的谦逊和恭敬，有助于建立良好的人际关系。最后是敬辞，它虽然在表达尊重方面具有重要意义，但由于受到字面意思理解的影响，其使用频率相对较低。此外，我们还发现，对委婉语和谦辞，中文使用者往往有一种将它们的作用等同起来的倾向。这可能是因为这两种表达方式在功能上有一定的重叠，都能够在一定程度上表达尊重和谦逊。然而，对敬辞，受访者则更倾向从字面意思来理解，而不是从具体的词义来理解。这可能导致他们在实际使用中无法准确传达自己的敬意和尊重之情。第五章的调查结果为我们提供了关于中文敬意表现实际使用情况的宝贵数据。通过对这些数据的分析，我们可以更深入地了解中文使用者对尊重表达方式的认知和使用情况，这为今后的研究和教育提供有益的参考。同时，我们也应该意识到，在推广和普及中文敬意表现时，需要注重结合中国人的文化背景和思维习惯，以更加贴近实际的方式来进行教育和引导。

　　第六章对日语中的敬意表现进行了全面而深入的探讨，旨在帮助读者更好地理解这一复杂且微妙的语言现象。敬意表现作为日语中待人接物习惯和价值取向的反映，其种类繁多，依人际关系不同而异，这也是许多人在使用上感到困难的原因之一。实际上，人们缺乏对敬意表现宏观理解的认知是导致这种困难的重要因素。在日语中，敬意表现体现了日本文化中的谦逊精神和对尊重的重视。它不仅仅是一种语言形式，还是一种社会交往的准则和道德规范。敬意表现可以细分为五种形式，每种形式都有其特定的使用场合和表达方式。这些形式包括尊敬语、谦让语Ⅰ、谦让语Ⅱ、礼貌语和美化语。每种形式都有其独特的用法和特点，我们需要在实际运用中仔细体会和把握。尊敬语是日语敬意表现中的重要形式之一，它主要用于表达对听话人或话题人物的敬意。尊敬语通过特定的语言形式来礼遇这些对象，涉及行为、事物、状态的表述。在使用尊敬语时，我们需要注意其对象并非说话人自身，而是旨在礼遇听话人或话题人物。尊敬语有多种表现形式，如动词、动作性名词、名词及形容词等。为了正确运用尊敬语，我们需要深入理解其核心概念，并区分其与美化语的差异。尊敬语源于对他人心理的顾及，通过突显对方的地位来选择适当的语言形式礼遇相关人、事、物。谦让语Ⅰ则是日语敬意表现的另一种形式，它主要用于说话者描述自己或己方对听话人或话题人物的行为，来体现尊重。谦让语Ⅰ的核心在于描述己方动作，且这些动作通常指向对方，从而间接礼遇对方。为了掌握谦让语Ⅰ，我们需要深入理解其指向性特点，并意识到即使表面看似不符合，从动作实施者的角度看仍然是符合定义的。这种表达方式充分展现了说话者的谦逊和对对方的尊重。谦让语Ⅱ是日语敬意表现的特别方式，它主要用于正式描述己方行为，并不指向特定对象，而是侧重传达庄重情感。谦让语 II 不适用于描述他人行为，因此在使用时需要明确其使用范围。此外，谦让语 II 与自谦语有所不同。自谦语需要礼遇指代对象，而谦让语 II 则更多地表达郑重心情。两者有时可以同时使用，但它们在作用和形式上存在差异。有时，自谦语和谦让语 II 甚至可以融合在同一单词中，来体现双重敬意。日语中的"礼貌语"则是通过在句尾添加特定词汇表达礼遇的一种用语方式。这些词汇如"です"和"ます"虽然在实际句法中并无实际意义，但它们却能够显著增强语言的礼貌效果。此外，日语中还存在一种特敬体"～（で）ございます"，其礼貌程度更高，且在使用上不受限制。在某些情况下，这种特敬体甚至比郑重语更显尊敬和庄重。美化语则是展现敬意和优雅品位的独特表达方式。通过替换普通词汇使句子表述更优雅，美化语能够体现人们对事物的敬重和个人品位。例如，有人使用"お酒"替代"酒"，不仅传达了对酒的敬重，还彰显了自己高雅的气质。在影响日语敬意表现使用的因素中，敬称起到了关键作用。与现代中文中敬称的多样性和争议性不同，日语敬称相对固定，主要聚焦于名词上，并通过接尾词和接头词来表达敬意。这种固定性使日语敬称在表述上更加精确，也更能体现说话者对他人及事物的尊重和重视。同时，中日文化在敬称运用上也存在差异。中文敬称多与地位、年龄相关，而日语敬称则更多受具体场景和语境的影响。即使在负面新闻中，日语也尽量使用敬称来称呼罪犯或犯罪嫌疑人，这充分体现了敬称原则在日语中的广泛应用。此外，谦称与敬称在日语敬意表现中平衡互补。现代中文中的谦称主要侧重谦虚称谓，而日语谦称的范围则更加广泛，包括人称和动词的谦逊表达。这种差异反映了中日文化在表达敬意时的不同侧重点。中文敬意表现强调"贬己尊人"，这源于古代祭祀神灵的理念，而日语则基于"相互尊重"的原则，旨在营造和谐平等的交流环境。因此，在日语交流中，我们需要特别注意敬意表现的使用，来避免因不恰当的表达而引发误解或冒犯。话题人物的存在也对日语敬意表现的使用产生显著影响。辻村提出的素材敬语和对者敬语的概念为我们理解这一现象提供了有力的依据。素材敬语主要包括尊敬语和自谦语，其使用反映了说话者与听话人之间的人际关系。当两者关系亲密时，即使话题人物地位较高，敬意表现也可能被省略；当存在地位或亲疏差异时，说话者则需同时使用对者敬语和素材敬语。因此，在运用敬意表现时，我们需要充分考虑话题人物、听话人和说话者三方的关系，来确保表达方式的恰当性。最后，我们不能忽视旁观者这一角色在日语敬意表现使用中的重要作用。在特定的社交环境中，例如，当高级管理者对下属进行批评时，若现场还有更高职位的领导在场，这位高级管理者可能会根据情境调整自己的措辞。他可能会选择更加尖锐的言辞来展现自己的权威，或是采用更加恭敬的敬语来委婉地表达自己的不满。旁观者的存在无疑增加了表达方式的复杂性，使说话者在选择语言时必须考虑更多因素，如维护个人形象以及避免潜在的冲突。此外，旁观者的态度也会对表达方式的选择产生影响。话题人物和旁观者的存在都深刻影响着日语中区别对待表现的使用方式，这其中涉及复杂的意图解读、立场权衡、态度表达以及人际关系的处理。

第六章对日语敬意表现系统的核心要素进行了详尽的总结。这一系统起始于对敬意表现顶层项目的深入剖析，旨在揭示其内在的逻辑和机制。敬意表现，作为语言交际中的一种重要形式，是说话者为了表达对对方人格和地位的尊重，从多种表达方式中精心选择出来的。这不仅仅是一种语言技巧，还是一种对人际关系的深刻理解和尊重。在语言行为的层面上，敬意表现要求说话者根据具体情境，选择恰当的语言表达方式来传达尊重之意。这种选择并非随意为之，而是需要考虑参与交际者之间的人际关系、当时的情景以及自己的感受。因此，敬意表现并非固定不变的模式，而是随着情境和人际关系的变化而灵活调整。这种灵活性和多样性使敬意表现能够真实反映人际关系的复杂性和多面性。无论是亲密无间的好友，还是地位悬殊的上下级，他们都可以通过敬意表现来体现对彼此的尊重和理解。这种尊重和理解不仅有助于促进语言交流的顺畅进行，还能够加深交际双方之间的情感联系。在使用敬意表现时，我们需要保持一种审慎和谦逊的态度。既要避免明显的误用或过度使用敬意表现，以免给人留下虚伪或做作的印象，又要避免将所表示的内容视为绝对，以免限制了自己的表达空间和创造力。我们应该根据具体情况，灵活调整敬意表现的使用方式和程度，来达到最佳的交际效果。此外，敬意表现系统可以细分为五种类型：尊敬语、谦让语 I、谦让语 II、礼貌语和美化语。每种类型都有其独特的表达方式和适用场合，我们需要在实际运用中仔细体会和把握。通过深入了解这些类型的特点和用法，我们可以更加精准地运用敬意表现，提升自己在语言交际中的能力和水平。最后，我们认为敬意表现是一种以对方为中心的语言表达方式。在使用时，我们需要充分尊重自己和他人之间的人际关系，避免出现误解或冲突。通过不断学习和实践，我们可以更加深刻地理解敬意表现的内涵和价值，并将其运用到日常生活和工作中，来提升自己的交际能力和人格魅力。同时，这也为中文敬意表现的系统化提供了有益的参考和借鉴。

第七章详细回顾了现代中文中敬意表现的"谦词""敬词"和"委婉词"的分类，并深入剖析了中文敬意表现的语法结构。然而，我们必须正视一个事实：现代中文中对敬意表现的认识尚处于较为混乱的状态。普通词语与敬意表现之间的界限模糊不清，各种与敬意表现相关的概念也缺乏明确的定义。此外，随着语言的不断演变，一些原始的敬意表达方式被频繁使用，这在一定程度上削弱了其原本的礼貌意味，使人们在日常交流中难以准确感知到礼貌的存在。在中文语法体系中，广义的敬意表现并未得到充分的涉及。现有的"敬"的概念主要侧重"尊重他人"，而其他的尊重表达方式，如谦虚、谦卑和委婉语等，往往被忽视或未被提及。更为重要的是，现有的研究往往只关注说话者的对象，而忽略了说话者地位的提升、降低或修正，这导致我们无法全面理解敬意表现所反映的复杂人际关系。在使用敬意表现时，由于人际关系的模糊性，我们常常难以界定其真正的作用。说话人是在向听话人表明自己的地位，还是在向听话人表示礼貌，这种不确定性往往导致人们在使用敬意表现时出现误用的情况。例如，人们往往将委婉语和谦辞的作用等同起来，但实际上二者在表达敬意时存在明显的差异。为了更好地理解和运用敬意表现，我们在此探讨了三个关键问题。在参考了日语中各种敬意表现的概念之后，我们提出了"礼貌用语"为上位概念，而敬意表现则为下位概念的观点。这有助于我们更加清晰地界定敬意表现的范围和内涵。关于敬意表现的定义，我们可以进一步归纳为这几个方面。首先，"敬意表现"是指语言主体在中文交际中，根据对方、场合或事情的不同，选择使用具有敬意意味的语言表达。这种表达形式包括

"尊敬辞""谦让辞""美化辞"等作为敬意表现的标志词。其次,"尊敬辞"主要是语言主体在顾及对方、提高对方主体地位时,使用正式的表达方式来表示尊敬。这种表达方式通常用于称呼他人或与他人有关的人或事,来表达对其的尊重和敬意。再次,"谦让辞"则是语言主体在考虑亲属关系或自身地位时,降低自身主体地位,使用正式的表达方式来表示谦卑。这种表达方式主要用于指称自己或与自己有关的人或事,来体现自身的谦虚和恭敬。最后,"美化辞"则是语言主体在顾及亲属关系或提升自身地位时,使用间接或优雅的表达方式,以美化表达内容的方式来说话。这种表达方式主要用于那些难以直说但又想表达得文雅的情况,来增强语言的艺术性和感染力。在语法层面,中文的敬意表现主要由尊敬语、谦让语和美化语组成。其中,尊敬语主要通过"表敬型称谓语+尊敬辞"的形式来表达对对方的敬意;谦让语则通过"表谦的呼称语+谦让辞"的形式来体现自身的谦卑;美化语则通过"呼称语+美化辞"的形式来美化表达内容,增强语言的优雅感。在处理表示施惠/受惠关系的词语时,我们根据受惠对象的不同将其进行分类。当受惠对象是对方或第三方时,这些词语被视为敬意表现;当受惠对象是自己一方时,这些词语被视为谦语;当人际关系不明确时,这些词语则被视为美化语。此外,我们还注意到,在对词语进行专门选择并与其本义进行比较时,即使使用优雅的语言进行交流且不使用符号,也会被视为美化词语。这种对词语的精心选择和运用,正是中文敬意表现的重要体现。通过对中文敬意表现概念的梳理和界定,我们逐步将现代中文敬意表现体系化,为今后的研究和实践提供了更加清晰和明确的指导。

　　通过本章对中日敬意表现体系及使用习惯的深入回顾与总结，我们衷心希望本书能够成为现代中文敬意表现研究领域的一股清流，为学者们提供更加全面、深入的理论支持和实践指导。本书不仅详尽剖析了日语敬意表现系统的各个要素和类型，还通过丰富的实例和生动的语言，揭示了敬意表现在语言交际中的重要性和价值。同时，我们也意识到敬意表现研究是一个持续发展的领域，需要不断推陈出新，探索新的方法和思路。因此，我们期待在未来的研究中，能够借助本书的理论框架和实践经验，结合现代中文的实际特点和发展趋势，开展更加深入、系统的研究。

　　中国目前正积极倡导构建"和谐的语言生活"，这一理念旨在促进人际交流的顺畅与和谐，推动社会文化的繁荣发展。在这一大背景下，敬意表现作为语言交流中的重要组成部分，发挥着不可或缺的作用。然而，我们必须清醒地认识到，语言生活是一个不断演变的过程，敬意表现系统也需与时俱进，不断补充和完善。当前，随着信息技术的迅猛发展，网络用语已经渗透到人们日常生活的方方面面。这些网络用语以其独特的表达方式和文化内涵，成为现代语言生活中一道亮丽的风景线。因此，在思考和完善敬意表现系统时，我们有必要将网络用语纳入考虑范围，深入探讨其在敬意表达中的潜在价值和作用。当然，要实现这一目标，我们面临着一些挑战。目前，我们关于敬意表现与网络用语相结合的研究尚处于起步阶段，相关的语料库资源相对匮乏。为了更好地推动这一领域的研究，我们需要加强语料库的建设，积极收集、整理和分析各类敬意表现与网络用语的实例，为今后的研究提供丰富的素材和依据。

　　我们希望能够通过新的研究方法和视角，为中文敬意表现的研究开辟更加广阔的前景，为语言交际的顺畅进行和人际关系的和谐发展贡献更多的智慧和力量。此外，我们也希望本书的出版能够引起更多学者和读者的关注和讨论，促进敬意表现研究领域的交流与合作。我们相信，在大家的共同努力下，中文敬意表现研究一定会取得更加丰硕的成果，为中文语言学的发展和文化传承做出更大的贡献。

主要参考文献

一、中文文献

（一）专著

［1］北京市语言学会. 礼貌语言手册［M］. 北京：北京出版社，1982.

［2］陈松岑. 礼貌语言［M］. 北京：商务印书馆，1989.

［3］陈新仁，等. 礼貌理论与外语学习［M］. 北京：外语教学与研究出版社，2013.

［4］戴庆厦. 社会语言学概论［M］. 北京：商务印书馆，2004.

［5］何九盈. 中国古代语言学史［M］. 郑州：河南人民出版社，1985.

［6］何自然，陈新仁. 当代语用学［M］. 北京：外语教学与研究出版社，2004.

［7］洪成玉. 谦词敬词婉词词典［M］. 增补本. 北京：商务印书馆，2010.

［8］胡明扬. 汉语礼仪用语及其文化内涵［M］. 上海：上海辞书

出版社，2004.

　　[9] 刘宏丽. 现代汉语敬谦辞 [M]. 北京：北京语言文化大学出版社，2001.

　　[10] 吕叔湘. 现代汉语八百词 [M]. 北京：商务印书馆，2005.

　　[11] 丹徒，马建忠. 马氏文通 [M]. 北京：商务印书馆，1904.

　　[12] 毛泽东. 新民主主义论 [M] //毛泽东选集：第二卷. 北京：人民出版社，1991.

　　[13] 邵敬敏，方经民. 中国理论语言学史 [M]. 上海：华东师范大学出版社，1991.

　　[14] 王福祥. 话语语言学概论 [M]. 北京：外语教学与研究出版社，1994.

　　[15] 杨伯峻. 中国文法语文通解 [M]. 北京：商务印书馆，1936.

　　[16] 中央教育科学研究所. 叶圣陶语文教育论集 [M]. 北京：教育科学出版社，1980.

　　[17] 赵元任. 中国话的文法 [M]. 丁邦新，译. 香港：中文大学出版社，1980.

　　[18] 郑奠，麦梅翘. 古汉语语法学资料汇编 [M]. 北京：中华书局，1964.

　　[19] 中国社会科学院语言研究所词典编辑室. 现代汉语词典：第6版 [M]. 北京：商务印书馆，2012.

　　[20] 周筱娟. 现代汉语礼貌语言研究 [M]. 北京：中国社会科学出版社，2008.

　　[21] 佐藤利行，高永茂，李均洋. 日语敬语新说 [M]. 北京：外

语教学与研究出版社, 2009.

(二) 期刊

[1] 陈琳. 语言学习中的性别差异: 表现、原因与思考 [J]. 解放军外国语学院学报, 2014, 37 (3).

[2] 丁尚虎, 王慧娇. 关于中日礼貌语言的对比研究 [J]. 河北科技师范学院学报 (社会科学版), 2016, 15 (1).

[3] 段成钢. 汉语礼貌语言使用的性别与年龄差异研究 [J]. 语言教学与研究, 2008 (3).

[4] 顾日国. 礼貌、语用与文化 [J]. 外语教学与研究, 1992 (4).

[5] 洪一麟. 论蔡邕《独断》的语料价值 [J]. 文教资料, 2011 (32).

[6] 刘森林. 语用策略与言语行为 [J]. 外语教学, 2003, 24 (3).

[7] 刘玉环. 谦敬语修辞的文化色彩 [J]. 广西社会科学, 2005 (5).

[8] 卢万才. 汉日称呼语礼貌功能对比 [J]. 东北亚外语研究, 2013 (2).

[9] 钱惠英. 汉语敬谦修辞及其文化影响 [J]. 无锡商业职业技术学院学报, 2005 (1).

[10] 权立宏. 汉语中男女在称赞语和称赞语回应使用上的差异分析 [J]. 现代外语, 2004 (1).

[11] 施真珍. 古汉语中的谦敬用法 [J]. 现代语文 (语言研究版), 2013 (10).

[12] 王茜. 跨文化视角下中日礼貌语言比较 [J]. 语文建设, 2016 (36).

[13] 王泽鹏.《现代汉语词典》的敬谦辞 [J]. 辞书研究, 1993 (3).

[14] 伍铁平. 礼貌语言中的语法 [J]. 语文研究, 1983 (1).

[15] 杨希强. 贾谊之"道"的哲学意义探析 [J]. 辽宁工程技术大学学报 (社会科学版), 2008, 10 (3).

[16] 易敏. 交际心态与谦敬用语: 兼谈"对不起"被"不好意思"替代 [J]. 语言文字应用, 2005 (2).

[17] 袁晓凌. 浅谈中日文敬语的差异 [J]. 日语知识, 2002 (6).

[18] 曾小燕. 汉日敬语的翻译原则 [J]. 海外华文教育, 2014 (3).

[19] 曾小燕. 论汉日敬语表敬程度系统的差异性 [J]. 云南师范大学学报 (对外汉语教学与研究版), 2015, 13 (6).

[20] 曾小燕. 浅析汉语敬语的界定 [J]. 现代语文 (语言研究版), 2013 (5).

[21] 张超. 礼貌策略的性别差异 [J]. 现代语文 (学术综合), 2015 (12).

[22] 张辰兰. 谦敬副词的现代用法 [J]. 现代语文 (语言研究), 2008 (1).

[23] 张群. 道歉表达的日中对比研究 (二): 从非定型表达看亲疏关系 [J]. 渭南师范学院学报, 2013, 28 (8).

[24] 张群. 道歉表达的日中对比研究: 以定型表达的使用为中心 [J]. 渭南师范学院学报, 2012, 27 (8).

［25］张寿康．浅谈礼貌语言兼及"您们"的用法［J］．语文研究，1981（2）．

（三）其他

［1］蹇照芹．汉语敬语的初步研究［D］．天津：天津师范大学，2008.

［2］赵光．现代汉语敬辞、谦辞、客气词语研究［D］．济南：山东大学，2007.

二、英文文献

（一）专著

［1］BARNES J A. A Pack of Lies：Towards a Sociology of Lying［M］. London：Cambridge University Press，1994.

［2］BROWN R. Knowledge，Education，and Cultural Change［M］. London：Routledge，1973.

［3］BOURDIEU P. Outline of a Theory of Practice［M］. London：Cambridge University Press，1977.

［4］BROWN P，LEVINSON S C，GUMPERZ J J. Politeness：Some Universals in Language Usage［M］. London：Cambridge University Press，1987.

［5］BROWN P. How and Why are Women More Polite：Some Evidence from a Mayan Community［M］//MCCONNELL-GINET S，BORKER R，FURMAN N. Women and Language in Literature and Society. San Francisco：Praeger，1980.

［6］EELEN G. A Critique of Politeness Theory［M］. Oxford：Routledge, 2014.

[7] GOFFMAN E. Interaction Ritual: Essays in Face to Face Behavior [M]. New York: Routledge, 1967.

[8] LAKOFF G, JOHNSON M. Metaphors We Live By [M]. Chicago: University of Chicago press, 2008.

[9] LEE-WONG S M. Politeness and Face in Chinese Culture [M]. Switzerland: Peter Lang GmbH, Internationaler Verlag der Wissenschaften, 2000.

[10] LEECH G N. Principles of pragmatics [M]. Oxford: Longman Group Limited, 1983.

[11] PAN Y. Politeness in Chinese Face-to-Face Interaction [M]. San Francisco: Proeger, 2000.

[12] THOMAS J A. Meaning in Interaction: An Introduction to Pragmatics [M]. Oxford: Routledge, 2014.

[13] ZHAN K. The strategies of politeness in the Chinese language [M]. London: RoutledgeCurzon, 1995.

（二）期刊

[1] BULLER D B, BURGOON J K. Interpersonal Deception Theory [J]. Communication Theory, 1996 (6).

[2] CHEN R. Self – politeness: A Proposal [J]. Journal of Pragmatics, 2001, 33 (1).

[3] FRASER B. Perspectives on Politeness [J]. Journal of Pragmatics, 1990, 14 (2).

[4] GU Y. Politeness Phenomena in Modern Chinese [J]. Journal of

pragmatics, 1990, 14 (2).

［5］ HAUGH M, HINZE C. A Metalinguistic Approach to Deconstructing the Concepts of "face" and "politeness" in Chinese, English and Japanese ［J］. Journal of Pragmatics, 2003, 35 (10-11).

［24］ HU H C. The Chinese Concept of Face ［J］. American Anthropologist, 1944, 46 (1).

［25］ JI S. "Face" and Polite Verbal Behaviors in Chinese Culture ［J］. Journal of Pragmatics, 2000, 32 (7).

［26］ KUBOTA R. New Approaches to Gender, Class, and Race in Second Language Writing ［J］. Journal of Second Language Writing, 2003, 12 (1).

［27］ MAO L R. Beyond Politeness Theory: "Face" Revisited and Renewed ［J］. Journal of Pragmatics, 1994, 21 (5).

［28］ MEIER A J. Passages of Politeness ［J］. Journal of Pragmaticsk, 1995, 24 (4).

三、日本文献：

［1］ ダニエル・L. 応用社会言語学を学ぶ人のために ［M］. 京都：世界思想社, 2001.

［2］ 大河内康憲. 中国語の諸相 ［M］. 東京：白帝社, 1997.

［3］ 大石初太郎. 話しことば論 ［M］. 東京：秀英書房, 1971.

［4］ 大石初太郎. 新版正しい敬語 ［M］. 東京：大泉書店, 1971.

［5］ 国立国語研究所. 敬語と敬語意識 ［M］. 東京：秀英書房, 1957.

[6] 国立国語研究所. 社会変化と敬語行動の標準 [M]. 東京: 秀英書房, 1986.

[7] 国立国語研究所. 私たちと敬語 [M]. 東京: 株式会社ぎょうせい, 2008.

[8] 国立国語研究所. 学校の中の敬語 [M]. 東京: 三省堂, 2002.

[9] 加藤重広, 滝浦真人. 語用論研究法ガイドブック [M]. 東京: ひつじ書房, 2016.

[10] アラン・ヒョンオク・キム. メタファー体系としての敬語—日本語におけるその支配原理 [M]. 東京: 明石書店, 2014.

[11] 菊地康人. 敬語 [M]. 東京: 講談社, 1997.

[12] 菊地康人. 敬語再入門 [M]. 東京: 講談社, 2010.

[13] 滝浦真人. 日本語の敬語論—ポライトネス理論からの再検討 [M]. 東京: 大修館書店, 2005.

[14] 牧原功. コミュニケーションと配慮表現: 日本語語用論入門 [M]. 東京: 明治書院, 2010.

[15] 南不二男, 林四郎. 敬語の体系 [M]. 東京: 明治書院, 1974.

[16] 南不二男, 林四郎. 敬語研究の方法 [M]. 東京: 明治書院, 1974.

[17] 南不二男, 林四郎. 敬語用法辞典 [M]. 東京: 明治書院, 1974.

[18] 南不二男, 林四郎. 世界の敬語 [M]. 東京: 明治書院, 1974.

[19] 南不二男，林四郎. 現代の敬語 [M]. 東京: 明治書院，1973.

[20] 蒲谷宏，川口義一，坂本恵. 敬意表現 [M]. 東京: 大修館書店，1998.

[21] 蒲谷宏. 敬語だけじゃない敬意表現 [M]. 東京: 大修館書店，2015.

[22] 蒲谷宏. 待遇コミュニケーション論 [M]. 東京: 大修館書店，2013.

[23] 蒲谷宏. 敬語コミュニケーション [M]. 東京: 朝倉書店，2010.

[24] 浅田秀子. 敬語の原理及び発展の研究 [M]. 東京: 東京堂出版，2014.

[25] 日本大辞典刊行会. 日本国語大辞典: 第二版 [M]. 東京: 小学館，2002.

[26] 日本語記述文法研究会編. 談話: 待遇表現 [M]. 東京: くろしお出版，2009.

[27] 山上明，宋協毅. 日語敬語新解 [M]. 大连: 大连理工大学出版社，2010.

[28] 山田孝雄. 敬語法の研究 [M]. 東京: 宝文館出版，1981.

[29] 時枝誠記. 國語學原論: 言語過程説の成立とその展開 [M]. 東京: 岩波書店，1941.

[30] 松下大三郎. 改撰標準日本文法 [M]. 東京: 勉誠社，1978.

[31] 藤堂明保. 中国語の敬語 [M] //林四郎，南不二男. 敬語講座 8 世界の敬語 東京: 明治書院，1974: 139-162.

［32］野田尚史，高山善行，小林隆.日本語の配慮表現の多様性：歴史的変化と地理的・社会的変異［M］.東京：くろしお出版，2014.

［33］輿水優.中国語における敬語［M］//南不二男.岩波講座日本語4：敬語 東京：岩波書店，1977.

［34］輿水優.中国語の語法の話――中国語文法概論［M］.東京：光生館，1985.

［35］竹内照夫.礼記［M］.新釈漢文大系：第27巻 東京：明治書院，1971.

［36］陈瑞红.台湾国語における二人称代名詞「您」と「你」の使用について［J］.人間文化研究科年報，2008（23）.

［37］陈瑞红.日本語と中国語の敬意表現：吉本ばななの作品とその翻訳を題材に［J］.人間文化研究科年報，2006（21）.

［38］宮本大輔.現代中国語における敬語体系に関する語用論的研究：疑問文に焦点を当てて［J］.長野大学紀要，2016，38（1+2）.

［39］宮地裕.『敬語の指針』について［J］.日本語学，2008，27（7）.

［40］滝浦真人.ポライトネスから見た敬語，敬語から見たポライトネス：その語用論的相対性をめぐって［J］.社会言語科学，2008，11（1）.

［41］卢万才.中国語呼称の敬語的機能に関する考察［J］.麗澤大学紀要，2002（74）.

［42］卢万才.中国語と日本語の敬意表現形式の対応［J］.麗澤大学論叢，2003（14）.

［43］卢万才.コミュニケーション能力と恩恵意識：日本語と中国

語との対照の立場から [J]. 産業と経済, 2009, 23 (5).

[44] 卢万才. 日本語と中国語の呼称の待遇的機能 [J]. ポリグロシア, 2009 (17).

[45] 彭国跃. 漢代鄭玄が訓釈した古代中国語の対人機能について：歴史語用論のアプローチ [J]. 語用論研究, 2007.

[46] 彭国跃. 近代中国語の敬語の語用論的考察 [J]. 言語研究, 1993.

[47] 彭国跃. 敬語の類型諭的対照研究：日本語, 英語, 中国語を基本モデルとする [J]. 富山大学人文学部紀要, 1997 (26).

[48] 松本青也. 対照言語学の役割 [J]. 言語文化, 1993 (1).

[49] 松岡和美. ことばの発達と年齢——母語と外国語の違い [J]. 三色旗, 2007 (710).

[50] 王铁桥. 現代中国語の敬意表現——日本語との比較 [J]. 言語と文化, 1989 (2).

[51] 徐璐. 日本語の敬語使用とポライトネス [J]. 文明21, 2014 (33).

[52] 森山由紀子. 日本語敬意表現の史的展開についての研究：尊者定位重視の敬語から自己定位重視の敬語へ [D]. 奈良：奈良女子大学, 1996.

[53] 彭国跃. 近代中国語敬語体系の研究：日本語・英語との対照を視野に入れて [D]. 大阪：大阪大学, 1995.

[54] 日本文化庁. 平成24年度「国語に関する世論調査」の結果の概要 [R/OL]. 文部科学省文化庁网站, 2013-09-24.

[55] 日本文化庁. 平成25年度「国語に関する世論調査」の結果

の概要［R/OL］. 文部科学省文化庁网站，2014-09-25.

　　［56］日本文化庁. 平成 26 年度「国語に関する世論調査」の結果の概要［R/OL］. 文部科学省文化庁网站，2015-09-17.

　　［57］文部科学省. 敬語の指針［R/OL］，日本文化庁网站，2007-02-02.

附录1

关于现代中文敬语使用情况的问卷调查

　　您好，我是来自日本国立广岛大学的吴天一，为了获得撰写博士论文所需数据，特邀请您填写如下调查问卷。非常感谢您的配合。我承诺，您的个人信息将仅用于本次研究，所有收集到的信息都将严格保密，并在研究结束六年后销毁。

　　您的年龄：＿＿＿岁　　您的性别：<u>男</u>□ <u>女</u>□

　　您所在区域：＿＿＿＿＿＿

　　您的职业：服务业□　　学生□　　企业行政岗位□

　　　　　　　企业一般职员□　　教师□　　军人□

　　　　　　　咨询岗位□　　职业技术工人□

　　您的教育背景：小学□　　初高中□　　本科□

　　　　　　　研究生□

　　提示阅读：本调查所指敬语不单单是指类似于"您"或者"请"等单字或词组，所有礼貌的语言表达方式均属于敬语，如"不好意思，麻烦问一下路"，本调查问卷中也算作敬语表现。敬辞为抬高他人地位，谦辞为对自己的行为动作表示谦虚，礼辞不针对任何一方，仅为用语文雅。

一、请选择你对下列观点的认同度，并在数字上划圈

1. 现代中文中有表达尊敬、谦虚或委婉的字词句。

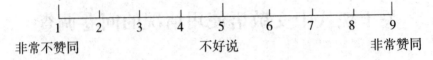

2. 敬语的使用有助于改善人与人之间的关系。

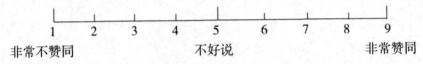

3. 日常生活中有必要使用敬语表现。

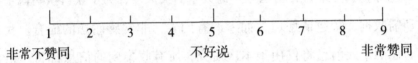

4. 只要场景需要，我会尽量使用敬语表现。

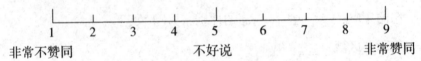

5. 在地位高低不明确时，我会更倾向使用敬语表现。

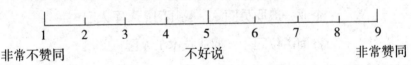

6. 在地位高低关系明确时，我在意别人或者自己是否使用了敬语表现。

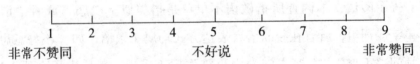

7. 自己使用的语言越谦虚，对别人越尊敬。

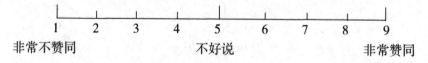

8. 尽量注意使用敬语时用词恰当。

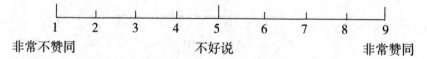

二、请选择下面场景中你使用敬语的倾向度

1. 在职场/学校面对上级/师长的时候。

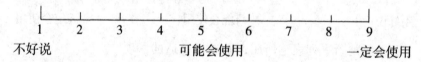

2. 在家面对长辈的时候。

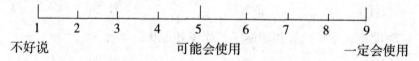

3. 寻求别人帮助的时候。

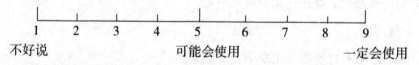

4. 面对政府机关工作人员的时候。

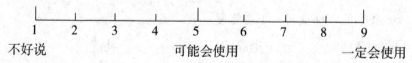

5. 向别人介绍自己家人的时候。

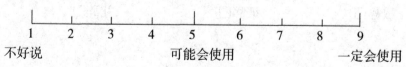

6. 同他人初次见面的时候。

```
|—————————————————————————————————————————|
1    2    3    4    5    6    7    8    9
不好说                可能会使用              一定会使用
```

7. 自己的行为影响到他人的时候。

```
|—————————————————————————————————————————|
1    2    3    4    5    6    7    8    9
不好说                可能会使用              一定会使用
```

8. 对节日庆典、值得庆贺的事或生老病死进行问候的时候。

```
|—————————————————————————————————————————|
1    2    3    4    5    6    7    8    9
不好说                可能会使用              一定会使用
```

三、请判断下列表达所属，并选择合适的一项

1. 希望你今天过得愉快。

敬辞□　　　　　　　谦辞□　　　　　　　礼辞□

2. 能这么帮忙已经很感谢了，哪里还能再麻烦你。

敬辞□　　　　　　　谦辞□　　　　　　　礼辞□

3. 今天晚上就在这儿屈就一下吧。

敬辞□　　　　　　　谦辞□　　　　　　　礼辞□

4. 您能来我家那可是蓬荜生辉啊。

敬辞□　　　　　　　谦辞□　　　　　　　礼辞□

5. 我们能不能商量一下再答复。

敬辞□　　　　　　　谦辞□　　　　　　　礼辞□

6. 热烈欢迎张教授莅临我校指导工作。

敬辞□　　　　　　　谦辞□　　　　　　　礼辞□

7. 我还有点别的事情，就先失陪了。

敬辞□　　　　　　　谦辞□　　　　　　　礼辞□

8. 今天确实没空，要不过两天你看行不行。

敬辞□　　　　　　　谦辞□　　　　　　　礼辞□

9. 冒昧打扰一下，有几个问题想请教您。

敬辞□　　　　　　　谦辞□　　　　　　　礼辞□

10. 这是别人的事儿，我也不便置喙。

敬辞□　　　　　　　谦辞□　　　　　　　礼辞□

11. 托您的福，一家人都挺健康的。

敬辞□　　　　　　　谦辞□　　　　　　　礼辞□

12. 欢迎前来我店垂询。

敬辞□　　　　　　　谦辞□　　　　　　　礼辞□

13. 哎呀我忘了，真是太不好意思了。

敬辞□　　　　　　　谦辞□　　　　　　　礼辞□

14. 抱歉通知各位，因飞机检修，我们暂时无法起飞。

敬辞□　　　　　　　谦辞□　　　　　　　礼辞□

15. 这只是一点管见，不足作为参考。

敬辞□　　　　　　　谦辞□　　　　　　　礼辞□

现代中文词典中的非称呼敬意表现一览

序号	分类	词性	词语
1		动词	拜别
2		动词	拜辞
3		动词	拜读
4		动词	拜访
5		动词	拜服
6		动词	拜贺
7		动词	拜见
8		动词	拜识
9		动词	拜托
10		动词	拜望
11	敬辞	动词	拜谢
12		名词	宝刹
13		名词	宝地
14		名词	宝号
15		名词	宝眷
16		动词	垂爱
17		动词	垂怜
18		动词	垂念
19		动词	垂问
20		动词	垂询
21		动词	赐教

续表

序号	分类	词性	词语
22		名词	大驾
23		名词	大庆
24		名词	大寿
25		名词	大作
26		副词	鼎力
27		动词	鼎助
28		动词	奉达
29		动词	奉告
30		动词	奉复
31		动词	奉还
32		动词	奉陪
33		动词	奉劝
34		动词	奉托
35	敬辞	动词	奉赠
36		动词	俯察
37		动词	俯允
38		动词	俯就
39		动词	俯念
40		动词	光顾
41		动词	光临
42		名词	贵干
43		名词	贵庚
44		名词	贵姓
45		名词	贵恙
46		名词	阖府
47		名词	阖家
48		名词	华诞

续表

序号	分类	词性	词语
49		名词	华翰
50		动词	惠存
51		动词	惠顾
52		动词	惠临
53		动词	惠允
54		动词	惠赠
55		动词	驾到
56		动词	驾临
57		动词	借问
58		动词	借重
59		动词	敬告
60		动词	敬贺
61		动词	敬候
62	敬辞	动词	敬祝
63		动词	请问
64		动词	屈驾
65		动词	枉顾
66		动词	枉驾
67		动词	用饭
68		动词	用餐
69		动词	玉成
70		名词	玉体
71		名词	玉音
72		名词	玉照
73		动词	雅正
74		动词	雅教
75		名词	尊府

续表

序号	分类	词性	词语
76	敬辞	名词	尊驾
77		名词	尊号
78		名词	尊姓大名
79		动词	璧谢
80		动词	呈正
81		动词	候光
82		动词	进言
83		动词	宽衣
84		名词	明教
85		动词	识荆
86		名词	享年
87		名词	法书
88		动词	烦劳
89		名词	芳邻
90		动词	高就
91		动词	海涵
92	客套话	形容词	不安
93		动词	不吝
94		名词	不情之请
95		动词	承蒙
96		动词	承情
97		动词	赏光
98		动词	赏脸
99		动词	少礼
100		动词	少陪
101		动词	哂纳
102		动词	哂正

续表

序号	分类	词性	词语
103		动词	失敬
104		动词	失陪
105		动词	失迎
106		动词	叨光
107		动词	叨教
108		动词	叨扰
109		动词	屈就
110		动词	屈尊
111		动词	托福
112		动词	相烦
113		动词	幸会
114		动词	再见
115		名词	彼此
116		动词	拨冗
117	客套话	动词	存正
118		名词	大喜
119		动词	动问
120		动词	多谢
121		动词	发财
122		动词	回见
123		动词	见教
124		动词	见谅
125		动词	久违
126		动词	久仰
127		动词	留步
128		动词	慢走
129		动词	免礼
130		动词	偏劳
131		动词	同喜

序号	分类	词性	词语
132		名词	鄙见
133		名词	鄙意
134		动词	不揣
135		动词	不敢当
136		形容词	不敏
137		动词	承乏
138		动词	痴长
139		名词	刍议
140		动词	错爱
141		名词	菲敬
142		名词	菲仪
143		名词	菲酌
144		动词	过奖
145	谦辞	名词	寒舍
146		形容词	冒昧
147		名词	绵薄
148		形容词	蓬荜增辉
149		名词	浅见
150		动词	忝列
151		动词	忝任
152		动词	忝为
153		形容词	顽健
154		动词	献丑
155		名词	愚见
156		名词	拙笔
157		名词	拙著
158		名词	拙见

续表

序号	分类	词性	词语
159		动词	不讳
160		动词	不在
161		动词	长眠
162		名词	潮信
163		动词	挡驾
164		形容词、动词	方便
165		名词	房事
166		形容词	富态
167		动词	归天
168		动词	归西
169		动词	归阴
170	婉辞	动词	见背
171		动词	欠安
172		形容词	清减
173		形容词	清瘦
174		动词	同房
175		动词	物故
176		动词	物化
177		动词	谢绝
178		动词	谢却
179		动词	行房
180		动词	永眠
181		动词	作古

附录3

重新分类后的现代中文词典中的非称呼敬意表现

序号	分类	词性	词语
1			垂询
2			奉劝
3			奉托
4			俯允
5			俯就
6			俯念
7			光顾
8			光临
9			惠顾
10	尊敬辞	动词	惠临
11			驾临
12			借问
13			敬告
14			敬候
15			敬祝
16			雅教
17			璧谢
18			呈正
19			识荆
20			烦劳

续表

序号	分类	词性	词语
21			高就
22			海涵
23			不吝
24			承蒙
25			赏光
26			赏脸
27			少礼
28			少陪
29			哂纳
30			哂正
31			失敬
32			失迎
33			叨光
34	尊敬辞	动词	叨教
35			叨扰
36			屈尊
37			托福
38			相烦
39			幸会
40			再见
41			回见
42			见谅
43			免礼
44			偏劳
45			不敢当
46			忝为
47			不讳

续表

序号	分类	词性	词语
48			归天
49			归阴
50			见背
51			欠安
52		动词	物化
53			谢绝
54			谢却
55			行房
56			永眠
57			作古
58			宝刹
59			宝地
60			宝号
61	尊敬辞		宝眷
62			贵干
63			贵庚
64			贵姓
65			贵恙
66		名词	阖府
67			阖家
68			华翰
69			尊府
70			尊驾
71			尊号
72			明教
73			享年
74			不情之请

续表

序号	分类	词性	词语
75	尊敬辞	名词	鄙见
76			绵薄
77			浅见
78			拙笔
79			拙著
80		形容词	不安
81			不敏
82			富态
83			清减
84			方便
85			蓬荜增辉
86	谦让辞	动词	拜别
87			拜辞
88			拜读
89			拜访
90			拜服
91			拜贺
92			拜见
93			拜识
94			拜托
95			拜望
96			拜谢
97			垂怜
98			垂念
99			垂问
100			鼎助
101			奉还

续表

序号	分类	词性	词语
102			奉陪
103			奉赠
104			俯察
105			请问
106			屈驾
107			枉顾
108			枉驾
109			用饭
110			用餐
111			玉成
112			雅正
113			屈就
114			动问
115	谦让辞	动词	发财
116			见教
117			久违
118			不揣
119			痴长
120			错爱
121			过奖
122			忝任
123			长眠
124			归西
125			同房
126			同喜
127			物故
128		副词	鼎力

续表

序号	分类	词性	词语
129	谦让辞	名词	大驾
130			大庆
131			玉体
132			玉音
133			玉照
134			芳邻
135			鄙意
136			刍议
137			菲敬
138			菲仪
139			菲酌
140			寒舍
141			拙见
142			潮信
143		形容词	冒昧
144			顽健
145	美化辞	代名词	彼此
146		动词	垂爱
147			赐教
148			奉达
149			奉告
150			奉复
151			惠存
152			惠允
153			惠赠
154			驾到
155			借重

续表

序号	分类	词性	词语
156	美化辞	动词	敬贺
157			候光
158			进言
159			宽衣
160			承情
161			失陪
162			拨冗
163			存正
164			多谢
165			久仰
166			留步
167			慢走
168			承乏
169			忝列
170			献丑
171			不在
172			挡驾
173			方便
174		名词	大寿
175			大作
176			华诞
177			尊姓大名
178			法书
179			大喜
180			愚见
181			房事
182		形容词	清瘦

附录4

本书中使用的例句一览

1. 前几日承蒙您的垂询，不胜感激。

2. 老师，我帮您拿包吧。

3. 臣从其计，大王亦幸赦臣。

4. 何至更辱馈遗，则不才益将何以报焉？

5. 犯罪分子的尊姓大名、单位、职务一应俱全，犯罪事实一应俱全，查处结果一应俱全。

6. 幸亏她没敢署上尊姓大名，否则她所在的商店的经理说不定要炒她鱿鱼。

7. 那里是藏东泥石流区，她正把笑模笑样的圆脸面向同伴，突被一枚飞石击中太阳穴，由此长眠不醒。

8. 11日6时55分，医生无回天之力，我们敬爱的邓大姐安详地长眠了。

9. 受过高等教育的人的失业率越来越高，普通的工作少有人屈就，不得不从国外大量进口劳务。

10. 继寄凡先生而来任教的，是歙县程庚白先生，奉化邬显章先生，他们的屈就，多半是为了仰慕校长江村先生的名声，带着一点游学的意思的。

11. 看，如此庞大的读者群啊，就是专来拜读这册无纸的书，这册无字的课本。

12. 杨修弄巧成拙，竟致此书被焚，后人无缘拜读，可惜得很。

13. 江蓝这个原本只崇拜外国文学的"大人物"，却意外地拜读了120万字的长篇小说《艳阳天》，还记下青年作家的名字浩然。

14. 今天幸会，时间不早了，我想与陈老先生拍张照。

15. 我访问香港时幸会陈炳良教授，谈起中国神话学，我们觉得我们三个人的意向和方法比较接近。

16. 我失陪了，请一位研究生先带你看，我开完会就来。

17. 文中不足之处还请呈正。

18. 帮我改下不对的地方。

19. 快点给我改一下吧。

20. 承蒙各位的关心与支持，在此深表谢意。

21. 陈云同志撰写的《怎样做一个共产党员》，是哺育了我党几代党员成长的好教材。

22. 他一生中共写了31本书，其中最有名的是《公众舆论》《道德序言》《自由与新闻》以及《美国的对外政策》。

23. 在中日邦交正常化二十周年这个喜庆之年，承蒙日本政府的盛情邀请，在这樱花盛开的季节，我来到贵国进行友好访问，感到十分高兴。

后 记

此部作品，实乃我 2017 年博士毕业论文之译著，历经翻译、梳理与修订，终得成形。自我在大学时代选择日语专业起，日语敬语之困扰便如影随形，成为众多中国日语学习者，包括我本人在内的难题。

2012 年，我踏足日本广岛大学，致力于文学研究科比较日本文化学之研究。其间，我始终思索如何更高效地攻克日语敬语之难关。至 2014 年，我在硕士论文中，深入探讨了学生敬语学习策略，并发现中文敬意表现的匮乏与日语敬语学习之艰难有着深刻的联系。在导师佐藤利行的鼓励下，我鼓起勇气，尝试将中文的敬意表现与日语的敬语进行深入的对比研究。初涉此项研究，我倍感迷茫，不知从何下手，如何进行对比亦无头绪。幸得广岛大学文学研究科诸位老师的悉心指导，他们不吝赐教，从语言学、社会学、文化比较等多角度给予我宝贵的建议和想法，使我的论文得以顺利发表。

岁月匆匆，六年光阴转瞬即逝。如今得以出版，我期望此书不仅是对我过去努力的总结，还能成为我未来学术之旅的新起点。

谨以此言，铭记此刻。同时，我要衷心感谢本书的编辑同仁，是你

们的辛勤工作和无私帮助，让我收获满满的喜悦，也为我继续前行提供
了动力。

吴天一

2024 年 4 月 21 日于四川师范大学